こころの科学叢書

児童養護施設の心理臨床

「虐待」のその後を生きる

内海新祐

日本評論社

まえがき

児童養護施設の心理職になって何年か経ったころから、仕事の中で経験したことや考えたことを言葉にするよう、文章を書く機会をいただくことが時折あった。その頻度は年に一回か二回、多くても数回くらいで、これを（能力に比して）多いとするのか（努力が足りなくて）少ないと考えるのか、どう評価すべきなのかはよくわからない。ただ、そういった月日が一〇年を超えるようにもなると「塵も積もれば」で、あれこれ携わったものを延べで見ると、「山」とはとても言えないまでも数としてはそれなりの量に——少なくとも本書を構成するぶんくらいには——なる。

それらは論文というよりほとんどエッセイのようなものだったが、依頼する側としては科学性や学術性より、ともかく「児童養護施設の心理職による発信であること」に重きがあるようだった。そのころはまだ児童養護施設に制度的な後押しで心理職が入り始めて間もないころだったから、そのような個々の「実践報告」もそれ自体に意味があったのだろう。それに、私自身にもそれ以外のものは書きようがなかった。私の日常は職場で生じる個々の問題にその都度対応していくこと以外にはなかったので、書けるものがあるとしたら、それにまつわることだけだった。

それは基本的には今も変わりがない。ただ、どのような現場の人もそうだと思うが、毎日の仕事は領域が限定されていたとしても、「発達とは何か」「専門的援助関係をどう考えるか」「心理治療とは何だろうか」……等の普遍的な問題について無頓着でいられるわけではない。むしろ、一渡り教わったはずのそれらのテーマについて、日々出会う現実を前に、皆それぞれその認識を問い直し、吟味することを要請されるものではないだろうか。自分なりに消化しようと模索する中で得られたものは、実質的にはなんら「新しい」ものではないかもしれない。しかし、自分の身体を通して摑んだそれをひとたび表現しようとすれば、たぶんおのずと教科書的、辞書的な記述とは異なるものになってしまうに違いない。

第1部では、私にとってのそれを並べた。そこに「児童養護施設の心理臨床」に対する私の基本的なモチーフが表れているように思われるからである。いわば総論的なものであるが、「論」として体系化されているとか、資格試験の答案でマルをもらえるとか、そういうものではない。もののとらえ方の一つとして読者の方にもご検討いただければと思う。第2部は、その時々に与えられたテーマに対して私なりに考えたことを記したものである。総論に対する各論という位置づけと言ってよいかと思う。第3部は『こころの科学』に三年にわたって書かせていただいたコラムをまとめたものである。私の考え方や感じ方、実際の動きが最も表れているのは、たぶんこれだと思う。

総論、各論、コラムと性格はばらばらだが、本書はすべて私がこの一〇年ほどの間に話したり書いたりしたことがもとになっている。こうして並べてみると、同じようなことをあちこちで繰り返し述べているように思われ、それが明らかになってしまうようで、恥ずかしい。ただ、大事だと思い続けてきたことであるのは確かなので、読者の方々のご意見をいただき、考えを深めていく契機となればと願ってもいる。なお、全体を通じ、いくつかの事例があるが、当然ながら事実関係にいくつかの改変を加えたり複数の事例をつないだりしており、フィクションと言える。もし類似のエピソードや状況が認められたとしても、「その事例」ではないので、この点はご了解いただきたい。

書名を『児童養護施設の心理臨床』としたが、そのすべてが書かれているわけではむろんない。家族との対峙や支援、性と暴力、集団力動の問題等、書けないことも多かった。まだまだ経験が少なく、また渦中にいるためである。だから、題の頭に「私の摑んだ限りでの」とでもつけるのが本当なのだが、さすがに冗長だし、今後もこの領域を深めていきたいという思いを込めて、このタイトルにした。

この仕事に就いて以来、出会う事例や事象は私の手持ちの知識や経験では立ち行かないことばかりだった。「この状況をどう理解したらいいのだ?」と迷うことが多かったし、今も多い。子どもとこころや言葉が通じ合わないこと、よかれと思ったことが逆に恨みに思われていること、相当なエネルギーを投入したのに事態は好転せず、それどころか余計こじれてしまうことなども多々ある。頼みの綱の職員集団や関係機関も、いつも足並みがそろっているとは限らない。それぞれが御旗に掲げる「子どものため」のもと、さまざまな「正しさ」が渦巻く中で、どうすればこの現状を抱え、改善する力としてまとまりうるのかと、溺れるような思いに駆られることもあった。自分、そして周囲へのやるせなさ。それらは波のように引いていくこともあったが、やはり波のように、執念深く押し寄せてくるものでもあった。

視界が塞がれたような気分になった時、不意に思い浮かんでくる何人かの方がいた。その中にはごく身近な仕事上の関係者もいれば、めったに会わない遠い先生もいる。私が経験しているものなどよりはるかに重篤な事例を抱え、はるかに困難な状況の中を長年生きてこられた方。世の理不尽や矛盾、一筋縄の論理ではくくれない事態の複雑さ、自身の至らなさや弱さなどを熟知している方。その中でなお、「この人にとって本当の意味での治療・援助は何か」を考え、為そうとし続けておられる方……。あの先生ならこの状況をどうとらえ、何と言うだろう？　あの人ならどういう姿勢で臨むだろう？

それらの方々が浮かんでくるのは、私に対して好意的に接してくれるとか、整合性のある論理を示してくれるとか、そういうことが理由ではないように思う。清濁合わせ呑んだ強さで信頼できる仕事を地道にし続けている、その一点だけの気がする。好意や正しさは、ないよりあったほうがいい場合が多いだろうけれども、苦境にある人を本当のところで支えるのは、それ以上の何かなのだと思う。少なくとも私においてはそうだった。そして本書の文章も、「それ以上の何か」の直接・間接、あるいは現実・空想の支えの中で書かれた。

この本が、ごくわずか一部分でも、誰かにとってのそういうものとなるポテンシャルを含んでいてくれたら、と思う。

児童養護施設の心理臨床――「虐待」のその後を生きる・目次

3 「心理治療」とは何だろうか　25

4 心理職の役割　38

5 「生活臨床」としての心理職業務の展開　53

第1部　児童養護施設の心理臨床とは

1 「発達」をどうとらえるか

「人間が発達する」とは……?

何年か前、「〝人間が発達する〟とはどういうことなのか」というテーマで自由に話をしてよい、という機会をいただいた。対象は心理臨床を専攻する大学院生。授業の一環で、一回限りのゲスト出演だった。心理の大学院生が相手ということで、ここでの「発達」は「精神発達」が暗黙裡の前提と言ってよかった。

このテーマはその広さと深さゆえ、たとえば「人生とは……」とか「愛とは……」とかいった問いと似ている。いかようにも答えることができ、どのような答えも（それなりに誠実に考えたものならば）まったくのハズレにはならないかもしれないが、どのような答えも（どんなに誠実に考えたものだとしても）唯一無二の「正解」ではない、という意味で。これは「正解」を求める問いというよりも、いろいろな答え方が可能という点で、答える人間の経験やものの見方を映しだしてしまう問いと言えるかもしれない。心理検査風に言えば、ＳＣＴ（文章完成法）のようなものだろうか。

さて、「〝人間が発達する〟とはどういうことなのか」……？

私の場合、まず浮かんだ言葉は「救われて、救われて、救われて、救われる過程《プロセス》の集積」というものだった。このフレーズ自体は「もし、生まれてから一度も救われることがなかったなら、その子は死んでいたはずだ」というごく単純な、自明の事実に拠っている。

かつて、このようなケースがあった。その赤ちゃんは自宅のトイレで産み落とされたという。生まれてから数時間放置され、お世話されなかった。しかし、いよいよ紫色になり、さすがにこれはまずいと思った父親が救急車を呼び、緊急入院。退院後は自宅に戻ることなく乳児院に直行した。以後、施設でずっと養育されている。

その母親は、八ヵ月過ぎまで自身の妊娠に気づかなかったという。産む気持ちになれないままにともかく月は進み、産むことになって、生まれてしまった。その間、タバコやアルコールはやむことなく続けていたらしい。「汚染」とさえ言える胎内環境。固くて冷たい便器に産み落とされた衝撃。世話をされず不衛生な場所に放置された数時間……救いのない中、どんなに絶望的な気持ちで、この赤ちゃんは泣き続けたことだろう。これらが精神発達上、いかに甚大な影響を及ぼすか。発達早期の重要性を知れば知るほど、私は暗澹たる気持ちになったものだった。

「例外なき困難」としての発達初期

これは極端な例と言うべきかもしれない。だが私は、人間の赤ちゃんは万人が万人、少しの例外もなく、これに類する体験を程度の差はあれ、もっているものだと思っている。

そもそも、生まれ出てくること自体が大変な難事業である。もちろん、母親にとっても出産は生死を賭した一大事業であろう。しかし、赤ちゃんにとってのそれも、主観的体験としては激甚災害にも似た苦しさを伴う大変な事態と考えられる。出産となると急激な変化が胎内に起こる。頭蓋骨を巧妙にずらし、うねるように回転しながら狭い産道を何時間もかけて通り抜けてくる。それだけでも大変なことだが、へその緒が首に巻きついて、いっそうのチアノーゼ（酸素欠乏）状態になって出てくる子もいる。ひとたび出てくれば光と音の洪水である。肺に空気が入って急激に膨らむ。これまで経験したことのない重力もある。そのような中で、赤ちゃんとしてはもう何かにしがみつく他ない。そこで必死になって泣くのである。そして、養育者に救われる（抱き取ってもらい、お世話してもらう）ことで、どうにか落ち着き、生き始めることができる。

だが、これは一度で済む話ではない。「不快」に襲われるたびに、手に入れたはずの平穏な世界は崩壊することになる。赤ちゃんは自分の力だけではこの事態をどうすることもできず、養育者をあてにする他はない。このただ中における圧倒的な無力感や不安――いや「無力感」や「不安」などと分化された対象認識すらできない、対処不能な「無力そのもの」「不安そのもの」である体感のあり方――は、先述の便器に産み落とされた赤ちゃんが体験したであろうものと微分的には同じであろう。

いささか突飛かもしれないが、これは統合失調症の急性精神病的な世界にも比せられるようにも思う。あるいは事情は逆で、急性期の精神病的状態とは、分化した対象認識が解体し、外界への自力での対処がまるで不能状態になってしまう、赤ちゃん時代のあの体験世界に引き戻されてしまうことなのかもしれない。

いずれにせよ、それを私たちは皆、程度の差はあれ知っているはずだと思う。どんなに愛情深い、赤ちゃんのニーズに敏感な養育者に護られていたとしても、赤ちゃんの求めるものが常に十全に即時に満たされるなどということはありえないわけだから、赤ちゃんはそのような体験を余儀なくされると考えられる。

「治療」としての精神発達

だが、そのたびに必死で泣き、その都度その都度、救われて、救われて、救われて、救われることを何千回も何万回も繰り返す中で、赤ちゃんはようやく自分は護られる存在であり、自分が求めれば世界はそれに応えようとしてくれるのだという基本的な信頼感を築くことができるようになっていく。また、それは「自分は能動的に世界を動かしていけるのだ」という自信ともなる。授乳（食事）、着替え、排泄、あやしや遊びなど、生活全体を通じた、養育者からの「思い入れ」（「ああ、この子は今、寂しいのかな」「お腹がすいたのかな」など）を含んだお世話を受ける中で自他の区別がつき、漠たる「快」「不快」はより分化した感覚、認識へと発展し、赤ちゃんは世界をよりはっきりと把握できるようになっていく。養育という営み（養育者による救い）を通して、赤ちゃんはこの世にすでに存在し、先に生きている人々の間で共有されている言葉、知識、知覚・感覚の様式や感情の枠組み、生活習慣や関係性のあり方などを遅まきながら共有していくことになる。

この共有への歩みこそが精神発達の基本骨格に他ならない。同時にこのプロセスは、大枠で見れば、孤独で無力かつ不安な精神病的世界からの回復過程になぞらえることもできるように思う。精神科医の中井久夫先生は「とにかく治療者は〝山頂〟で患者と出会う」「治療者は家族とともに下山の同行者である」と、精神科治療を下山に喩えられたが、精神発達を「孤絶した山頂から共同世界である人里へ、養育者と下山の道行きをともにすること」ととらえれば、それは「生活総体を通しての治療過程」とも言えるのではないか――。私が「〝人間が発達する〟とは、救われて、救われて、救われて、救われる過程《プロセス》の集積」だと思うのは、このような意味においてである。

以上のようなとらえ方は大雑把に過ぎ、このような観念論がいったい何の役に立つのかと思われる向きもあるかもしれない。だが、私とすれば、これは現実的な課題意識とつながっているのである。すなわち、健やかな育ちに不利な条件や経験をあまた抱えてやってくる子どもたちに対し、どのように肯定的側面を見つけ出すのか、また、施設という〝生活の場〟の中にいかに治療的契機を探し、かつ作り出していくのか、という課題である。

肯定的側面を見出すために

子どもたちの入所に先立って児童相談所から送られてくる書類には、子どもたちがそれまで経験してきた「大変さ」がいろいろと書かれている。両親の死去、失踪、犯罪と収監、精神疾患、経済的破綻、虐待、ネグレクト……一人ひとりの人生にひきつけて考えれば、どれ一つとっても考え込まされるような事柄が、平気で列挙されている。先の「便器で産み落とされる」というような事態にしても、例外中の例外とは言えない。現に「墜落産」という術語《テクニカルターム》（?）もある。そういう言葉が存在する程度には、一定の頻度で生じている事象なのである。先の例では事象そのものよりその前後のケアが問題だったわけだが、ともかく、筆致はいきおい子どもをとりまく「不幸」を列記する方向に傾きがちになる。たしかに、書類は施設入所に至らざるをえなくなった経過や子どもの抱えている困難を説得的に描こうとしているのだから、ある意味それは当然であるし、また必要でもある。だが、そういった事実の列挙はともすれば「現状の難しさ」の理由づけとなり、場合によっては援助者の意欲をも削いでしまいかねない。

だからなのかもしれない。いくぶん天邪鬼めいて私は思う。「しかし、彼らは少なくとも一度は救われてきた。でなければこうして生きて私たちの目の前にいることもない」――。これだけの悪条件が続けば、もっとやさぐれても、よりよく生きることをあきらめてもおかしくはないのに、まだしもこの状態で踏みとどまっていられるのはなぜか。その力はどこで誰からもらったのか。……施設の職員としては、そう問うことで仕事への手がかりとモチベーションを立ち上げることができる場合もある。いささか強がりと気休めも入っているようにも思うけれど、トイレで産み落とされたあの赤ちゃんも、父親が救急車を呼んだから生き延びたのだ。それすらもなかったら、死んでいた。

生活の中に治療的意味合いを見出すために

そのようにして〝少なくとも一度は救われて〟私たちの前にやってきた子どもたち――もっとも、当人は「救われた」などとは思っておらず、逆に「引き離された」「拉致された」等の気持ちでいることがしばしばなようであるが――に児童養護施設は何ができるのか。「こういう歴史をもって、こういう状態でいる子に対して、いったいどこから、何を始めればいいのだ?」……覚束ない気持ちでそう思うこともある。だが、そのような時にも、「生活の中の治療的要素」の力を信じることは、日常の中の些細な場面や何気ない小さなかかわりを大事にする意思を支えてくれるように思う。もともと「生活」が万人にとって治療的意味合いをもっているのだとすれば、児童養護施設にやってくる子においては、その大切さはよりいっそうとなるはずである。

「治療的意味合い」とは、個々の子どもや文脈によってその内容は異なるが、ごくおおまかに言えば、いろいろな種類の大人による手間と時間とコストをかけた関与を経験することである。児童養護施設への入所に至る子どもたちは多くの場合、いろいろ複雑な事情や要因の絡まりあいの中で、そういったかかわりを経験することが圧倒的に乏しかったと察せられるからである。幼児期・学童期に入所してくる子はもとより、中高生になって入所してくる子も、「もうこんな年齢なのに」とつい思ってしまうけれども、精神発達上の観点から言えば、質的には乳幼児期や学童期の課題を持ち越していることが多々ある。先の喩えに倣うなら、人里への道のりがいまだ遠く、人の世に棲みにくい状態にある子どもたちだと言える。

こういう子たちにおいては、狭い意味での養育技術や心理療法的技術よりも（いや、それも大切なことではあるが）、しっかりした生活体験を基盤に、時間をかけて〝下山〟してゆくのだと観念する他ないように思える。逆に言えば、毎日の生活の中にこそ見出せる、そして児童養護施設という場だからこそ作り出せる、発達や成長への契機があると思われるのである。もちろん、生活というものはいろいろな傷つきや病の契機を孕むものでもある。むしろ、そのほうが多いと言うべきかもしれない。だが、そうであるからこそ、人間は〝救われる〟かかわりを求め、それを通じて世に棲む技量を工夫し続けるのだと思う。それはいわゆる発達期だけでなく、生涯続くのだと思われる。

むすび

人間の発達を生活総体による一種の治療過程と見立てることは、児童養護施設の心理職として仕事をする私にとってはごく自然な発想だったし、仕事を進めるうえで必要な観点でもあった。先に述べたように、これはある一回限りの授業において話した内容でもある。授業を聴いてくれたあの時の院生さんは、寄せてくれた感想を見る限り、それぞれの経験や問題意識にひきつけて、わりに肯定的に評価してくれたようだったが、「ゲスト」である私への配慮もあっただろう。読者の方においてはいかがだったろうか。

〔参考・引用文献〕

中井久夫『精神科治療の覚書』日本評論社、一九八二年
小倉清「統合失調症の発生機序について」『小倉清著作集3　子どもをとりまく環境と臨床』二四〇―二五二頁、岩崎学術出版社、二〇〇八年
滝川一廣『「こころ」の本質とは何か』ちくま新書、二〇〇四年

2

「専門的援助関係」について考える

面接室の彼我

いつのころからだろう、たぶんこの心理臨床という領域に手を染めたはじめからだと思うが、「面接室のこちらと向こう」という言葉が時々頭をかすめる。それははっきりした〝問い〟や〝主張〟の形になりそうでなりきらない。「面接室のこちら（援助者）と向こう（被援助者）の間にはどのような相互作用が起こりうるか？」という〝問い〟ならば、転移・逆転移概念を含む治療関係論が展開されるかもしれない。あるいは「面接室のこちら（援助者）と向こう（被援助者）には不当な権力作用が働いており、専門的援助という名の社会装置は『患者』を相対的に作り出し、かつ『適応』という価値基準に押し込めることによって、社会の矛盾を隠蔽しているのだ」という〝主張〟であれば、反精神医学的な思潮にたどりつくのかもしれない。それらの問いや主張に私はあながち無関心ではない。

しかし私にとって、そういった〝形〟は、いささか背伸びをした、やや遠いところにある。私の中ではただ「面接室のこちらと向こう」とつぶやくようにこの言葉が流れ、それでたいていはおしまいになる。

たいていはそれでおしまいになるのだが、このつぶやきの行き着く先をもう少し見定めてみたいと思うこともある。たどっていくと、そこにはある微妙な違和感が潜んでいるように思う。目の前の人は固有の生きにくい状況を抱えて向こう側の席にいる。自分はそんな相手に対して、こうして何らかの助力となるべくこちら側の席にいる。仕事のうえでは日常的なはずのこの状況の中で、ふと言いようのない不可思議さに見舞われるのである。――なんで自分がこちら側なのだろう。なぜ自分はあちら側ではないのか。いや、自分だって〝何か〟が起こればあちら側に座るのだろう。あちら側の人はなぜあちら側にいるのか。あちら側に座らなくてもよかったはずの人なのではないだろうか。ひょっとすると、本当はこちら側に座るはずだった人なのではないか。なぜ向こう側なのだろう……。

そこには「たまたま」としか言いようのないものが作用しており、両者の立場を分かつものがあったとすれば、それだけだとしか思えないこともある。そう思いながらも、自分はたしかにこちら側にいる。相手はたしかに向こう側にいる。それは不思議なことだと思える。不思議なはずなのに、世の諸々のことは当然であるかのように進んでいく。そこが微妙な違和感となる。両者の差、その差は紙一重なのかもしれないし、しかしやはり分厚い紙一重と言わねばならないのかもしれない。

「新しいものとして」発見すること

そんなふうに両者の間に横たわる違いについての「当然さ」と「理不尽さ」を普段から、常にではないが時々思う。だから、ある日届いた「障害をめぐるこころの援助――被援助者からのまなざし」と題された研究会の案内を目にした時、私の思考は少なからず刺激された。ここでは、その研究会によって刺激された考えを、日々の仕事と絡めて言葉にしてみたいと思う。

もっともそれは、セラピスト（心理職）にとって基本であり、多くの人が言葉を換えて言っていることであるから、内容的に新しいことなど何もない。要するに言いたいことは、「セラピストとクライエントは立場としては非対称ではあるけれども、存在としては対等なのだから、互いに協力し合って課題にあたる他はない」ということに尽きる。けれども私たちの仕事は、内容的には新しくないことを、いかにその都度新しいものとして感じるかに生命線がありはしないだろうか。だいたい、私たちのような「こころにまつわる領域」で、本当に「新しいこと」など果たしてどれだけあるのだろう？　言い古されたことが個々の文脈や経験の中で「新しいものとして」発見され直す、それがとりもなおさず心理職としての成長というものではないだろうか（ついでながら、「新しい理論」なるものにもそういう側面がありはしないか？）。そういう開き直りのもと、私なりの「新しいものとして」の発見の仕方をたどってみようというのが本章である。

恐れつつも望む、「被援助者からのまなざし」

その研究会の案内が届いた時、シンポジウムの内容にまず目が留まり、驚いた。ある先天性疾患のお子さんをもつ、実際のお母さんやきょうだいが登場し、子どもを育て、またともに育っていく過程で感じた〝こころの援助〟について話をしてくださるのだという。「被援助者の側からのメッセージの発信」とあるから、登場する方々は、いわば「元（あるいは〝現役〟）クライエント」ということになる。そういう方がわれわれ「専門家（の卵）集団」の「研究・研修会」に「シンポジストとして話をする」。そんな企画を私はこれまで経験したことがなかったから、一見地味な企画の大胆さと、こういった企画にあえて登場することを決意してくださった方に敬意と関心をもった。

「関心」の中身を断ち割ってみると、一番大きかったのは、恐れつつもひそかに「告発」（と言っては大袈裟だろうが）を望むような気持ちであったように思う。妙な喩えだが、独り善がりでダメとわかっている自分の演技について、共演者が舞台裏や楽屋で人にどう語っているかを知りたく思う時はこんな気分かもしれない。「自分たちはこんな思いを抱えて援助専門家のところに行った。けれども『専門家』は自分たちの抱えていることをこんなふうに独り合点して片づけてしまった。本当はそうじゃなくて、こう思っていたのに。もっとあんなふうであってほしかった」風のストーリー。「被援助者からのまなざし」の行き先は、当然「援助者（専門家）」であろうと思っていたし、しかもそこには厳しい視線が含まれているだろうと、それこそ独り合点してもいたのである。生徒の教師批評が教師のいるところでは行われにくいように、また患者の医者批評が医者の目前ではなされにくいように、普段の「専門家─非専門家」関係のただ中に身を置いていては聞こえにくい類の「鋭い本音」が後日談的に語られ、そういった鋭いまなざしに照射されることによって、援助者としての姿勢や理解を問い直す――企画者の狙いもだいたいそんなところにあるのではないかと思った。

「専門家意識」が必要な一方で

なぜ私は一枚のチラシにそういう反応をしたのだろうか。同じ文章をニュートラルに読むならば、「援助専門家のこういうところがよかった」「こうであってくれてありがたかったので、みなさんもそうしてほしい」という側面から連想が始まってもいいはずである。なのになぜ、援助専門家に対する批判的側面からのストーリーを私はまず思い描いたのだろうか。

それはおそらく、私は「専門家」として人と対峙した途端、自分には見えないもの（素人としての自分なら見落とさないであろうようなもの）が生じてしまうような気がしていて、そこにある種の覚束なさを日ごろ感じているからであろうと思う。相談を受ける側にいると、私は実際以上に力ある者と錯覚しがちになる自分を感じる。さらに問題なことに、それにより相手を実際以上に力なき者と錯覚しがちになるようにも思う。これは私だけに限らないのではないか。このような錯覚傾向は、必ずしも私が傲慢な人柄であるからとは言えず、「相談を受ける」「助力をする」という、内心のオムニポテンスが刺激されやすい事柄の性質によるところも大きいだろうと考えられるからである。そしてそのせいで、相手の体験世界について見落としていることも多いのではないか。

この領域の「専門家」であることには、常にそのような危険性がつきまとっていると思う。そんなわけで、私たち「専門家」は、あるいは私たちの学問は、ひょっとすると実はひそかにとんでもない思い違いをしているのではないか？　という恐れが私の中にはある［註1］。そのような心許なさが恒常的にあるため、スーパービジョンとはまた違った形で、私を含めた「専門家」に対して鋭く何かを投げかけてほしい気持ちがあったのだろうと思う。

誤解のないように大急ぎで付け加えるが、私は、あくまで専門家は専門家としてクライエントに会うのであり、その自覚をきちんともつことを大切と考える者である。そういった現実の前提を無視しては両者間に生ずる事柄を見誤るだろうし、役割も責任も不明瞭になり、つまりは質のよい援助が成り立たなくなると思っている。「人間として」などといった誘蛾灯のような言葉に安易に与しないけれどもその一方で、その役割意識にまつわる陥穽を思うのである。

「被援助者からのまなざし」は何に向かっていたか？

さて、研究会当日、実際はどうであったか。「被援助者からのまなざし」は何に向けられていたか？　案に反し、「専門家などには向けられていなかった」というのが私の感想である。ではいったい、まなざしはどこに向かっていただろうか？

それは、他ならぬ自分と家族の歩んできた道筋・現在の状況・これから歩んでいく道筋へとリアルに見据えられていた。少なくとも私はそう思った。なぜなら私は、「専門家」そのものに対する意見がもっと聞けぬものかと当日フロアから質問したほどだったからであり、それにより得られた肉声には重みがあったものの、当のシンポジストの方たちにとっては今や重要な関心事ではないように見受けられたからである。

このことは、この方たちの受けた心理臨床的援助が良質であったことを物語っているように思う。なぜなら私たちの仕事は、当事者には見えにくくなっている状況や感情に耳を傾け、ともに考えることによって、それを当人自身に見えやすくなるよう手伝うことが本務であると考えられるからである。つまり、自分自身の人生の現実をより柔らかく見つめられるように、「眼」や「耳」その他の思考・感覚器官をしばし貸すのだと言ってよいと思う。したがって、援助の結果として、これまでと今とこれからの人生にまなざしが向けられているのが何よりであり、固有名詞としての援助専門家は溶けるように忘れ去られるのが心理臨床的援助の基本的な理想であろう。

もちろん、援助者はクライエントからさまざまな濃厚な思いを向けられやすくもある。それが援助のうえで重要な意味をもつ局面があることを否定はしない。けれども、まなざしの多くが援助者に向けて割かれている時というのは、たいていクライエントが「弱っている」状態の時ではないだろうか。だいたい人間は、無力で周囲の力を借りねばならない時ほど必死で周りの人間を見つめるもの——乳幼児はなんと必死に周りの大人の顔を見つめることか——のように思う。援助のある時点までならともかく、いつまでもいつまでもまなざしの多くが援助者個人に向け続けられているのだとしたら、それが陽性であれ陰性であれ、クライエントの力がどこかで削がれ続けていることを思ってみるべきかもしれない［註2］。何にしろ、援助者にまなざしを向けることに人生の時間の多くが費やされることは、あまり生産的とは思われない。

「専門家意識」の罠を超えて——同時に生起する二種の関係

シンポジストの方たちは、たしかに専門家意識をもつ「専門家」に出会って援助を受けてきた。けれども、私が恐れるような（またしばしば行ってきたであろう）、専門家意識の弊害を被らず——つまり実際以上に弱められた存在に見なされることなく——自分の人生の現実をしっかりと見据えることのできる「強さ」を培ってきたように見受けられた。私にとってしばしば矛盾である専門家意識が、矛盾なく援助に活きている。その筋道はどこにあったのだろう。

これは永らく疑問であったが、「こういうことではないか」「こういうフィーリングを保持することがそこにつながるのではないか」と、このごろ日々の仕事をする中で思うことがあった。それを少し以下に述べてみたい。

私は現在、児童養護施設で常勤の臨床心理士として仕事をしている。虐待問題がかまびすしい昨今、児童養護施設においても「こころのケア」が声高に叫ばれ、心理職導入による、トラウマを視野の中心に置いた「心理療法」が期待されているが、私としてはそれも重要な課題とは思いながらも、チームの一員として生活空間全体がいかに「治療的」となるかにこころを砕くことをより大切にしたいと考えている。これは「被虐待児」に限らない。そのため、自然、子どもたちへの直接的な接触と同等もしくはそれ以上に、子どもの「環境」である大人たちと話をすることに重きが置かれることになる。

その中心が、子どもたちと毎日の生活をともにする職員（担当職員）である。

児童養護施設にはいろいろ形態があるが、私の勤務するところにはファミリーグループホームという、職員夫婦とともに子ども数名がごく普通の民家に暮らす形態がある。この形態は、一般的な家族形態と近似しているゆえか、ある想像を私に起こしやすくさせる。二種の異なる関係が同時に重ね合わされるイメージである。

担当職員と私が子どもについて話をする構図は、何かに似ている。ある子どもがいる。その子は多少なりとも生きにくさを抱えている。「気になる子」と言える。あるいは、もっとはっきり「困った子」であることもある。その子どもについて相手と私は話をしている。相手は現在子どもの養育を主に担っている者（往々にして年余にわたる）であり、私は心理臨床を専門とする者（というには未熟なので気が引けるが、実際報酬を得ている以上、「専門家」の呼称から逃げるわけにもいかない）である。相手は子どもの日常生活の様子やそれについて思うところ、感じるところを話す。あるいは、もっとはっきり「困っていること」を話す場合もある。私のほうは、まず話を聴くことを心がける。そして主に子どもの言動の背景にある心理的必然について思いをめぐらし、心理職としての視点を提供する……。この構図はまさに外来型の心理臨床でいう「親面接」と同じではないだろうか。これが一つ目の関係である。

こうした側面がある一方で、しかし相手はもとより親ではなく、また事態が深刻化し「困って」外の専門機関へ「やってくる」のでもないという現実がある。すなわち構図自体は親面接と同じでも、構図を構成する要素の性質が違うし、また、構図に至るまでの経緯や動機づけも違うのである。現実的な側面としては、相手も私も仕事の一環としてそれをやっている。相手は子どもと一緒に生活をしていくのを職務としており、私は心理臨床的視点を提供することを職務としている。つまり、異なる専門性をもった他職種同士が対等に連携し、チームを組んでいるのである。昨今流布している言葉では、「コンサルテーション」あるいは「コラボレーション」と言ってもよいだろうと思う（同一組織内ではあるが）。これが二つ目の関係である。

担当職員と話をしていると、この二つの関係が私の中で重なり合ったまま同時に生起する。そして私はある時——それは経験年数三〇余年、五〇代の〝おばさん〟職員と話をしていた時のこと——思った。「今、まさしく〝一緒に仕事をして〟いる。この感覚。これが心理臨床の〝共同作業性〟ではないか」

ただ単に事実である「共同作業性」

この感覚の中にある時、私は以前から懸念していた「専門家意識」の弊害を無理なく避け、かつそれを活かすことができるように思われた。二人はある時期のある一面においては「援助者」と「被援助者」と言えるかもしれない。しかし、どちらが援助を「提供」し、どちらが「受ける」という一方的な関係ではなく、またどちらがより有能でどちらがそうでないかといった関係でもない。私の主眼も〝おばさん〟を「助ける」ことにはない。結果としてそういうこともないわけではないが、基本的には、得意な領分を異にしながら「子どもの成長と回復」という共通の目的に向かって協力し合うことが主眼である。その意味で対等な関係にある。そしてこの時、私は相手に自然に敬意をもつことができるようにも思う。「相手に」というよりは、「相手の仕事に」といったほうがより近いだろうか。この場合の「敬意」は、「生活の仕方や子どもの育て方が全面的に素晴らしいので尊敬に値する」というのとは性質を異にしている。そうではなくて、「そうおいそれと積み重ねてきたものに口をさしはさむことなどできない」といった、慎みのようなものである。二つ目の「他職種との連携」関係を基調にして〝おばさん〟と話をしていると、これらのことが自然に体験される。「専門家」としての役割意識をもちながらも、いや、もっているからこそである。「クライエントと〝一緒に仕事をする〟ということ。〝共同作業性〟は心がけではなく、ただ単に事実なのだ」。これは私にはちょっとした発見であった。

「他職種と仕事を組むように」

「発見」とは言っても、親面接、いやそれに限らず心理臨床的な面接が本来このようなものであることを、私は決して知らないではなかった。むしろ散々叩き込まれてきたはずのことである。しかし「〈共同作業〉性」が精神療法の本質（滝川、一九九八）であり、「ただ単に事実」であるにしても、それを何か勘違いさせる磁場が援助場面には内包されているように思う。「困って援助を求めてくる人」を「患者」と言わず「クライエント」と呼ぶことを選んだわれわれの先輩たちの意図は薄れ、単に「患者」代わりの記号として使われることが現在いかに多いか——少なくとも私にはそう思われるのだが――はゆえなきことではない。一度「発見」し「わかった」からと言って、それで済む問題ではないのだと思う。だから、磁場の性質［註３］を踏まえ、継続的に意識してこの磁力に抗する努力が必要であろう。前記のような、「他職種と仕事を組むように」という感覚も、私にとってはそのような意識上の工夫の一つである。「事実」を誤認しないための工夫である［註４］。ここにその小さな「発見」の筋道を記してみたのは、自分への備忘録としての意味合いが大きい。

心理臨床の活動が社会の中に広く認知されていき、二言目には「他職種との連携」や「ネットワーク」「協働」が取り沙汰される昨今である。それを踏まえないでいいわけはない。しかし、「クライエントとの連携」（田中、二〇〇一）はどうだろうか。まずクライエントと関係を結ぶ時、他職種や他の専門機関に対してほど、心理臨床家は相手の「専門性」（積み重ねてきた工夫の歴史、その独自性）に敬意・慎みをもっているだろうか［註５］。もっていないと言いたいのではない。ただ、そこが危うくなる可能性は常にあると思い、そのことを述べたかったのである。

［註１］今の自分たちの何が、とまで具体的ではない。けれども、無差別的な幽閉、冷水攻め、ロボトミー……過去の精神医療が精神病患者に何をしてきたかを振り返って見れば、そしてそれが単に人権意識の希薄さなどからばかりではなく、本気で「治療」と考えられていた時代があったことを思えばなお、私の恐れもあながち的外れとは言えないと思う。

もちろんかと言って、それを恐れて何もしないでよしとするわけにもいかない。「なさざるの罪」という言葉もある。

［註２］神田橋（一九九四）にもこうある。「不幸せと欠乏の状況に置かれていると、僅かな希望への手掛かりが

大きく価値づけられる。治療者への『陽性感情』は、その例である」

［註3］「磁場」の中には、「援助」という「弱っている人／困っている人を助ける」事柄の性質に由来するもの（先に述べたオムニポテンスの問題も関係していよう）があろうし、また、援助場面の中にいると、たしかに「共同作業」など生ぬるい（？）ことはとても想像がつかないような偏りや厄介さをもつ人と出会うこともあるという――そんな時は自分が相手を正し、動かしたく思う気持ちに駆られるのもまた人情であるといったような――現実に由来するものもあるだろう。なお、ここで言う「共同作業性」とは「いつも仲よく力を合わせて」という意味ではない。「ときに治療者―被治療者間の対決としてあらわれるものをも含め、両者の間の相互的・共同的な心の働きなくしては治療性をもちえない」（滝川、一九九八）という意味である。

［註4］もちろん、私が一人で勝手にどう思おうとも、客観的に見れば一方は（多くの場合、金銭を払い）援助を受ける側であり、もう一方は援助にあたる「専門家」である、という社会関係は厳然としてある。ここから目をそらして対等性のみを強調するならば、「他職種との連携」のアナロジーは意識の詐術にすぎないと言われよう。私がここで言いたいのは、それを現実のものとして踏まえ抜いたうえで、しばしば見失われやすい「共同作業性」という本質的事実やそれに際しての「患者に対する尊敬」（土居、一九九二）をどのように見据えるか、その視線の保ち方の問題である。これは自己欺瞞ではないと思う。土居によれば、面接者が抱いた尊敬の念は、それこそ以心伝心で相手に感じ取られるようだという。

［註5］もっとも、これとてそう容易なことではない。だいたい、他職種・他機関との連携がうまくいかない時というのは、この種の敬意・慎みに欠け、競争意識や縄張り意識が先鋭化する時のように思う。「（望ましい連携のあり方が）くり返し話題になるという事実はすなわち、それがいかにむずかしいか、ということを示しているのだろう」（田中、二〇〇一）。

〔参考・引用文献〕

土居健郎『新訂　方法としての面接—臨床家のために』医学書院、一九九二年
神田橋條治『追補　精神科診断面接のコツ』岩崎学術出版社、一九九四年
滝川一廣「精神療法とは何か」星野弘、滝川一廣編『治療のテルモピュライ—中井久夫の仕事を考えなおす』三七—七九頁、星和書店、一九九八年
田中千穂子「クライエントとの連携ということ」『東京大学大学院教育学研究科心理教育相談室紀要』二四集、一三三—一三五頁、二〇〇一年
八木剛平、田辺英『精神病治療の開発思想史—ネオヒポクラティズムの系譜』星和書店、一九九九年

3

「心理治療」とは何だろうか

心理職の導入と「心理療法」

児童養護施設に心理職が本格的に入り始めたのは一九九九年である。一九九〇年代末という時期に施策的な心理職導入が始まった背景には、一九九〇年代前半から社会問題化し始めた児童虐待がある。虐待の認知件数は年々大幅な増加傾向にあり、現在もなおそうであるように、留まる気配がなかった。この流れに加え、一九九五年の阪神淡路大震災や地下鉄サリン事件を機に急速に広まった「トラウマ」や「PTSD」といった概念が相乗的に作用し、「虐待によって傷ついた子どものケアを」という機運が高まっていったのである。

心理職はこのような状況で導入された。「虐待によって傷ついた子どもを、こころの専門家である心理職が治療する」。厚生省（当時）の通知には、「職員への助言」や「処遇会議への出席」など、それ以外の役割も盛り込まれてはいた。また、現場においても「心理療法によって子どもがよくなる」ことを本気で期待していた人が実際にどれほどいたかは定かでない。だが、それでもやはり「心理職は心理療法をする人（らしい）」という認知のされ方が最も一般的だったように思う。これは受け入れる施設側、入っていく心理職側双方に言えた。なにしろ「心理療法担当職員」が正式名称なのである。

だがその際、「『心理療法』とは何か」についての考察は必ずしも十分ではなかったように思う。これも施設側、心理職側双方においてである。導入後ほどなくして心理職参入をめぐる困惑の声が――やはり施設側、心理職側双方から――聞かれ始めたわけだが、その多くは結局のところ、そこに端を発しているように思われた。したがって、「『心理治療』とは何か」や「子どもにとって〝治療的〟とはどういうことか」について、施設と心理職がともに理解を深めていかない限り、この困惑は解消されないであろう。これは必ずしも過去の課題ではない。導入当初ほどではないとしても、職員が入れ替わり、施設状況に変化が起きるたびに新たに再確認していく類の課題だと思う。

ここではまず、心理職導入当初の両者の「困惑」がどのようなものだったかを通して、施設と共有しておきたい「心理療法」の基本的な前提や原理を確認する。そしてそのうえで、児童養護施設での「心理治療」を構想する際に必要と思われる観点を提示したいと思う。

心理職の「困惑」――「心理療法」の基本構造との関連で

心理職側の「困惑」は、伝統的な「心理療法」が培われてきた基本構造との関連で生じたと考えられる。たとえば、「〝人手〟として生活場面の援助を要請されたり、面接している子が互いに情報交換したり、治療の場の〝非日常性〟が確保できない」といったように。

「心理療法」の流派として提唱されているものは非常に多いが、主な立場としては精神分析的心理療法、来談者中心療法、（認知）行動療法などが挙げられるだろう。これら二〇世紀半ばまでに原型が形成された代表的な心理療法は、理論的背景も技法も大きく異なっているものの、ある基本的な構造を共有していると考えられる。近藤（一九九四）は、これを①介入の対象、②介入の担い手、③介入の場、④介入の時期、の四点から整理している。すなわち、伝統的な心理療法は、①（問題を抱えた）個人を対象に、②治療専門家が唯一の担い手となって、③その個人が生活する場とは離れた場で、④問題が顕在化し、重篤化したあとに行われる、というものである。これは一般に、「病理治療モデル」「外来治療モデル」とされる枠組みである。心理療法の理論や技法の発展に伴い、たとえば家族療法のように、「個人」ではなく「家族関係」もしくは「家族システム」を対象にする、といったような変化もみられるようになったが、心理療法は基本的にはこの「外来治療」という構造の中で彫琢されてきたと言えるだろう。そして、やがて心理職になる者が学部や大学院で学んでくる心理療法も、多くはこのような心理療法である。

それが基礎であることは確かだとしても、臨床における理論や技法は、その提唱者がどのような場で、どのような人を対象としていたかに大きく影響される、ということは踏まえられるべきであろう。「外来」という治療構造は、みずからの状態を把握し、〝問題〟として認識する力、来談を持続できる能動性や主体性、そして経済的基盤をもっていること（あるいは、もつ人が傍にいること）を前提に成り立っている。つまり、「治療」以外の生活時間を大きな破綻なく営むことができ、心理的な援助のみで問題や困難が解決もしくは軽減できると想定される人が主な対象だった。その前提があるゆえに、治療の場が日常生活から厳格に区切られ、現実のしがらみから護られるという利点が活かされたのである。すなわち、現実生活において束縛となっている人間関係や価値規範から来談者を解放し、自由な思考・感情表現や象徴的体験、問題や症状をターゲットとした訓練等をさせやすいという利点である。これは、葛藤の整理・解消や自己概念の再構成、あるいは外傷的体験や症状の減弱化などの面で有効性をもっていた。

しかし、二〇世紀後半に入り臨床家の仕事領域が拡大してくると、そのような前提が成り立たない対象も視野に入るようになってきた。すなわち、自発的に治療を求めない、経済基盤も含めた生活全般のケアをまず考えなければならない人たちである。このような人たちへの治療援助を工夫する中で、伝統的な心理療法の枠組みを超える試みも行われるようになってきた。やはり近藤が前記の四つの観点からその動向をまとめている。すなわち、①個人が生活する〝場〟を問題にし、②その個人に〝近しい〟人たちの力を頼りに、③個人が生活を送る場で、④問題が顕在化し重篤化する前に介入する、という流れである。近年発展してきた治療的家庭教師、子育て支援事業、スクールカウンセラー事業などはこの流れにあるものと言えるだろう。そして、児童養護施設における心理職の機能も、基本的にはこの動向に沿って構想されるのが妥当と考えられる。児童養護施設の子どもたちもまた、自発的には治療援助を求めない（求める力が相対的に弱い）、生活全般のケアをまず考えなければならない存在であり、心理職はその生活体系の「内部」へと導入されたからである。

児童養護施設における「心理治療」は、専門的助力を用いつつ、成長と回復の契機を日常の担い手とともに「担い合っていく」試みと言えるだろう。どのように専門的助力を用いるのかが大事なわけだが、これについては第4章、第5章で述べる。

施設側の「困惑」——「心理療法」の基本原理との関連で

施設にとっての「困惑」は、「心理療法担当職員」という言葉とセットになっている「心理治療」のイメージによって引き起こされていたと考えられる。困惑の中身は主にそれに対する過度な期待や抵抗感だったと言ってよいように思う。施設職員は日々の現実の困難に向き合う中で、時に藁にもすがる思いをもつものである。理解困難なあの子をなんとかしたい、してほしい。「治療」に行かせれば、治療者は「こころの専門家」なのだから、すぐに「理解困難なあの子」のこころがわかり、なんとかするための手立てを教えてくれるのではないか、あるいはなんとかしてもらえるのではないか、との期待である。だが、そのような過大な期待に心理職がそのまま応えられるはずはない。応えてくれないのか？　では、心理職は何のために来たのだ？　との思いを施設はもつことになる。

抵抗感はまさにそのことと裏腹で、まず「そんなことができるものか」という思いがある。困難な現実を毎日生きている者からすれば、事態の改善を安易に語るように見えるものは胡散臭く思えるものである。また、相手を「病理（問題）をもつ者」と見なして「精神を治す」とのニュアンスももちうるこの言葉は、傲慢さを感じさせもする。自身も不完全な人間にすぎない者がこころを扱う特権者面をして、勝手に人を「よい」ほうへ操作するのか、と。それに加え、これまでの自分たちをないがしろにされるような思いもどこかしらにあったかもしれない。「子どものこころ」を一番身近で大事にし、慰め、育ててきたのは他ならぬ自分たちではなかったか。「心理の専門家」があらためて必要なのだとしたら、自分たちは何だったというのか、と。しかし、心理職としてはそのような抵抗感をいきなり向けられても困ってしまう。困る心理職を前に、では、あなた方には何ができるというのか、との疑問を施設側はもつ。

期待感・抵抗感どちらにせよ、その背後には、「壊れた電化製品を特殊な技術者に預け、修理する」ような、いわば委託加工的な「治療」イメージが横たわっていると思われる。つまり、①日常生活には存在しない特殊な技術を用い、②「専門家」が一方的にそれを「病んだ」対象に行使し、③対象は治療室で「治る」との含みがある点である。たしかに、伝統的な心理療法が先に述べたような基本構造をもっていたことからすると、このようなイメージが抱かれがちであることは否めない。だが、心理療法はそもそもそういうものではない。そういうものに見えやすくはあるが、そういうものではないという理解を、施設の心理職は施設内に浸透させていく努力が必要かと思う。

では「どういうものか」ということになるわけだが、ここではこの三点に応じる形で、施設と共有したい心理療法の基本的な原理を確認していく。

⑴ 「治療」のわざは日常の手立てと本質は変わらない

心理療法を構成する技術や治療の原理について、滝川（一九九八）は次のように述べている。「精神療法なるものは『精神的手段による援助』という原理や方法において、私たちの日々の相談ごとと決定的な差異はなにもない」「精神療法とは日常の手立てや関わりを、より抽象化（純化・人工化）したわざに過ぎないということができる」。そして、「精神療法がまさに精神療法たる独自の特徴、固有性」を「特定の抽象的な関係の場のなかで行なうこと」としている。

　同様に、森（二〇〇一）は、プレイセラピーの治療機序として、セラピストとの間に展開される「信頼関係」と「自己表現」という二つの要素と、その基盤となる「子どもの内面を徹底して理解しようとする」セラピストの基本姿勢を挙げ、これら二つの要素と一つの基本姿勢という点で、「日常の関わりとプレイセラピーの関わりに本質的な違いがあるとは考えていない」としている。そのうえで、「日常の関わり」と「プレイセラピー」の違いを「程度の差」「他の要素を極力排し、それ（内海註：信頼関係の構築と自己表現の促進、そして子どものこころの理解）だけに専念すること、日常の関わりではそれ以外にも重要な課題があるところから生まれる差」と規定している。そのように「純度を高め」たかかわりが「プレイセラピー」であるという。

　このように、心理療法とは、日常生活において人と人とがかかわり合い、援助しようとする配慮や工夫の延長上にあるものと考えられる。たしかに、普通の生活では出会わないような重い課題を抱えた人を理解するために必要な知識はあるだろう。また、「純度を高め」た「抽象的な関係の場」に伴う顧慮すべき事象（たとえば転移・逆転移や外傷体験の表現など）は存在し、その理解と取り扱いにはそれ相応の知識や技術、修練が必要であり、その意味では誰もが気軽に行えるわけではないものであると言える。だが、人のこころに作用する原理（言語的・非言語的交流が相手にどのように体験されるか）自体が日々の対人交流と異なるわけではないのである。

(2)「治療」とは共同作業関係にもとづく〝理解〟への努力である

「治療」は、その言葉（とくに外科的な）から連想されるような、一方向的な〝力〟の行使ではない。「治療」が効を奏する時には相手の中に「理解された」感触が伴うようであるが、そこにみられるとおり、「治療」の内実は相手のこころの理解に向けて行われる、おおむね地味な作業である。それには第2章で述べたように、相手との共同作業関係が不可欠である。共同作業である以上、一方的な力の行使ではなく、相互性が前提となる。これは、一方的な訓練的関与に見えがちな認知行動療法においても、同様である。

その関係の中である種の仮説を立てることは心理職の職能だが、それは人のこころが即座にわかることとは違う。仮説が仮説の性質を失って千里眼的な早分かりを一人勝手に誇り始めたならば、その瞬間から治療性は失われるだろう。

(3)「治療」は日常との連関なしに進展しない

認知行動療法や家族療法にみられる〝宿題〟なども好例ではあるが、「治療」における日常とのつながりの重要性はとくに子どもにあてはまる。環境への依存度が高いからである。いかに治療的要素の「純度を高め」たかかわりを試みようとも、日常に反治療的要素が満ちていれば――たとえば、基本的な信頼感を育むことが課題となっている子どもが「治療」から帰ってきて着いた食卓にくつろげる雰囲気がなく、暴力や怒声が生じるような日常であるとしたらと考えてみれば――日常との連関なしに進展しないのは明らかだろう。生きる基盤自体に重い課題を抱えているような子どもの「治療」は、「生活の援助との連携なしに分離されたものであってはならない」（増沢、二〇〇二）のである。

施設で暮らす子どもにとって「治療」とは

心理療法が日常の手立てを蒸留・純化した性質をもっているということは、すなわち、日常生活のさまざまな局面には治療的要素がちりばめられているということである。これは施設の生活においても同様である。森（二〇〇一）が「児童養護施設の処遇の中には、そもそも治療的な要素があった」と述べているように、施設を中心とした日常生活の中に「治療的なかかわり」があり、それが子どもの偏った世界を緩やかに吸収し、一般的な共同世界へ誘うのに与っているという側面を軽視することはできない（もっとも、そうでない要素もあり、むしろその傾きが児童養護施設の生活には強いがゆえに、種々の研修や研究が絶えず企画されている次第でもあるのだろうけれども）。

ここで「治療的」という言葉は、「子どもの自我や自尊心の成長・回復に一役買っている」というほどの意味であり、「治療的」という言葉を使いたくないのなら別に使わなくともよい。単に、「治療」という観点で現象をとらえることになじんだ心理職の目から見ると、何気ない日常のかかわりや活動が「治療的」として意義づけられることが多いので、そう名づけるにすぎない。実際、心理職の中でも森田（二〇〇六）は、「治療」と「生活」を本来異なるものとして厳格に分ける立場をとっている。だが、これは言葉をどう定義するかの問題であって、生活の中に〝そのような要素〟があるという事実に変わりはない。

なお、「これをすれば必ず『治療的』である」というような固定した活動があるわけではない。何が「治療的」になるかは、文脈——その子が発達の過程でどのような体験に薄く、どのような体験を積み上げるべきだと目されるのか——にまったく依存している。だから、その時の活動やかかわりの内容自体は、別のバックグラウンドをもつ者からみれば、「保育」あるいは「養育」であったり「教育」であったり「学習指導」と名づけられたりするだろう。

「治療」と「育て直し（育ち直り）」

児童養護施設に入所してくるような子どもの多くが負っている背景を考えてみるならば、児童養護施設において「治療」とは、限りなく「育て直し（育ち直り）」と近似的になるはずである。なぜなら、彼らは発達早期に体験されるべき特定の大人との継続的でこまやかな情緒的関係を経験し損ねてきており、それが情緒面・対人関係面・知的側面での発達の遅れやひずみをもたらしていると考えられるからである。したがって滝川（二〇〇二）の言うように、「それらを与えなおすことが、この子らへの支援にほかなら」ず、それは「きわめて生活的なもの」になる。これはトラウマ論だけでは解消できない側面であり、トラウマ治療が安全に行えるようになる前提条件でもある。

たとえば安心して眠れるようにすることや、〝自分のために用意された〟とどこかで感じられるような食卓を日々作り出すこと、あるいは社会的なルールを納得して守っていけるようになるまで付き合うことや、学習の躓きを乗り越える手助けなどを通して成功体験を一緒に積んでいくこと、子ども間の暴力を防ぐことなど、日常的に為されている（はずの）ケアが、文脈によってきわめて「治療的」と意義づけられるのである。「（常に何かに警戒していた子が）穏やかな表情でボーっとしている」「（家では夜尿のたびに殴られていた子が）おねしょをしても淡々と新しい衣服に着替えさせてもらう」など、自然発生的にもこういった意味深いことは起きているわけだが、「環境療法」はこれを心理学的見地から意識化し、構造化するものだと言えるだろう。

以上から、密接でこまやかなかかわりを生活において続けることこそが、児童養護施設における「治療」の中心であると言える。その意味で、「治療」は心理職の専売特許ではなく、むしろ、生活をともにする職員こそが（そう自覚すべきかどうかはともかく）「治療的かかわり」の実質的な担い手とさえ言えるのである。（では、心理職の役割は何か、個別の「心理療法」にはどのような意味があるのか、ということに関しては次章に譲る）。

なお、「密接」とは必ずしも常に大人がついて回ることを指すのではない。子どもにとって必要な体験を「密接に」想像し、実年齢も勘案しながら無理なくできることを「こまやかに」見定め、それが経験できる工夫をすることである。これはただ「愛する」のとは似て非なることで、大人たちの心身のゆとりと冷静な思考、知恵や協力もないとできない。言うは易く行うは難い。

治療環境としての大人集団

ところで、「心理職が導入される」と言うと、専門家としての完成体がやってくるイメージを抱くかもしれない。しかし導入の現状を見ると、大学院在籍中、あるいは終了直後の経験が浅い者が半数以上を占める。導入当初もそうだったが、一〇年以上経ってもこれは変わらない。厚生労働省の基準も学部卒に留められている。（同じく行政主導で子どもの生活体系内に心理職が導入されたスクールカウンセラー事業の導入当初の担い手は、臨床心理士の中でもベテランに属する人たちだった。この違いはどう考えたらよいのだろう？）

経験の少ない者が周囲の「お手並み拝見」的な視線に不安を煽られれば、無力さへの怯えから、逆にみずからの有能性や存在意義を証明しようとして「功を焦る」ことになりかねない。徒に専門用語を弄して子どもを病理的存在と見なしたり、自分の見立てに固執したり、結局そのツケは子どもに回ってくる。心理職がみずからの技量を磨く努力を惜しまないのはもちろんだが、職場にも「自分たちの職場の心理職を育てる」という視点があってほしい。

結局のところ、そのように大人たちがみずからの生や異質な他者をどうにか受け入れながら、それなりに仲よく生きているという姿そのものが、何より「治療的」なのだと思う。そのような大人関係を見る体験に薄かった子たちだからであり、それを見ることは肯定的な将来への具体的展望になりうるからである。

〔参考・引用文献〕

近藤邦夫『教師と子どもの関係づくり―学校の臨床心理学』東京大学出版会、一九九四年
増沢高「入所施設におけるプレイセラピー」『世界の児童と母性』五二号、三四―三七頁、二〇〇二年
森茂起「児童養護施設における心理職のあり方」『児童養護』三二巻、六―一〇頁、二〇〇一年
森田喜治『児童養護施設と被虐待児―施設内心理療法家からの提言』創元社、二〇〇六年
全国社会福祉協議会「児童養護施設における心理的援助のあり方セミナー　資料」二〇〇二年
井出智博「児童養護施設・乳児院における心理職の活用に関するアンケート調査　集計報告書」平成二一年度科学研究費補助金（21730482）、二〇一〇年
滝川一廣「精神療法とは何か」星野弘、滝川一廣編『治療のテルモピュライ―中井久夫の仕事を考えなおす』三七―七九頁、星和書店、一九九八年
滝川一廣「要保護児童の発達と回復」『世界の児童と母性』五三号、一〇―一三頁、二〇〇二年

4 心理職の役割

施設の内部にいる意味

前章では、児童養護施設における「治療的かかわり」の中心が生活にあり、その実質的な担い手は生活をともにする職員だと述べた。だとすると、「治療」の担い手として導入されたはずの心理職の存在にはどのような意味があり、どんな役割があるのだろうか。

「児童養護施設における心理職の役割」についてはすでにさまざまな実践報告がなされ、報告者それぞれが自分なりの考察と主張を行い、さらにはそれら多様な取り組みを概観・整理するメタレベルでの検討も行われるようになっている。それについては楢原（二〇一二）らが述べており、そこに主要な文献も網羅されている。

これらを見ると、児童養護施設における心理職の仕事は「被虐待児の個人心理療法」に限らないこと、それは重要ではあるがあくまで一部であって、むしろ他の職員集団と協働しながら生活全体をいかに大事にしていくかが重要な役割であることがわかる。施設の内部にいる意味を追究していくと、おのずとそうなる。

施設ごとに異なる心理職の活動の実際（たとえば生活場面にどれだけ心理職が入るか、会議やカンファレンスにどれくらい参加が可能か、など）、生活体系の内部で行われれる「心理療法」の特徴と課題、多岐にわたる活動を円滑に進めるうえでの基本的な考え方や技法的工夫の数々は、先述の文献の中で具体的に述べられている。なので、ここでは別の水準から「児童養護施設における心理職の役割」を考えてみたい。「別の水準」とは、果たすべき中核的機能という抽象水準であり、活動内容が具体的にはどういう形をとるにせよ、これを果たせばまずは仕事をしたと言ってよいであろうものである。

役割の中核は「見立て」

一言で言うなら、それは「見立てをすること」である。子どもと起居をともにする職員は「治療」に期待はしていても、本当に望んでいるのは「治療」そのものではない。たしかに「気になる子」や「困った子」はいる。心理職との個別のかかわりでこの子がなんとかなるものならば、それはそれでよいものだと思いはする。その意味での心理職への期待もないわけではない。けれどもそれは、どちらかと言うと「ぼんやりとした空想」とでも言うべきものであって、現実的に今、目の前に立ち現れている切実な問いは、「なぜ、この子はこのような言動をするのだろう?」「どうすれば、この状態を少しでも変えることができるのだろうか?」というものであり、望んでいるのはそれに対する何らかの「見解」である。心理職によって子どもがなんとかなることが第一義的な望みではないのである。

したがって、他の職種が心理職に求めていることの比重は、心理職としての「見立て」にあると言える。見立てをするということは、「子どもおよび子どもをとりまく状況について理解を深め、何が必要か、次の一手として何が可能かを見出すこと」と言い換えてもよい。むろん、心理職の「見立て」が事の〝真実〟や〝正解〟を表しているわけではない。ただ、異なる視点によって現象が見えやすくなったり、問題点の整理が進んだりすることはあるだろう。私の中では、図形の面積や角度を求める数学の問題で、一見わかりにくい場合も補助線を一本引くことによって全体の構造が整理され、問題が解きやすくなる、あのイメージと重なる(もっとも、実際には綺麗な「補助線」などなかなか引けはしないけれど……)。精神発達の視点から子どもに必要な経験を見定めたり、子どもや家族の対人関係様式やパターンを心理学の諸理論を援用しながら読み解いたりすること、あるいは児童相談所の心理検査等の意味を日常的なケアに活かせるよう、その子の生活条件に即した言葉に直すことなどは、たぶん心理職に特徴的な視点であり、そこに貢献するかもしれない。

まなざしの複眼化

この作業は、実務感覚としては、他職種とはやや違う観点や異なる表現をそっと示す、といった二ユアンスが多いように思う。「補助線」を引くと言っても、そんなに〝目から鱗〟のドラスティックな視点変換などがそうそうあるわけではない。ほとんど同じだけれど、ほんの少しの表現の違いで「そう、そんな感じ！」と喉元まで出かかっていた思いの実相により近づくとか、そういう類のものである。それは、「やや違う」という程度のささやかなものではあっても、さまざまな意義がある。たとえば、施設の中ですでになされている理解のあり方を別の言葉や理論的根拠で裏づけることによって支持したり、あるいは逆に、別の見方の可能性を示唆することで一つの見方が支配的になることに留保をつけたり、また、どう理解してよいか考えあぐねる事態に一応の筋道を描いたり、さらには「わからない」事態に性急な理屈づけをすることの危険性を説いて「わからなさ」を抱える手助けをしたり、などである。

もっとも、「他職種とはやや違う観点や異なる表現」は、心理職なりに子どもを理解しようと専心した結果なのであって、「心理職ならではの見方や表現」それ自体が目標なわけではない（目標になどしなくても、心理職が専心すれば勝手にそうなってしまい、むしろその〝臭み〟のようなものを消すほうが難しいのではないだろうか？）。それが子どもを見守る大人側のゆとりに多少なりともつながり、種々の気がかりを抱えながらも生きる助力になり、日常性の中でそれらが解決していくならばそれに越したことはない、というだけの話で、要するに、「違う」ところに価値があるわけではなくて、「役に立つ」ことに価値があるのである。だから、心理職としては、自身の理解や表現をいかに的確なものにできるか、そしてまた、形作られた理解をいかに他の職員と共有し、検証していけるかが勝負のしどころになる。しかも専門的な言葉や概念など用いずに、である。結局のところ、「なるほど」「たしかに」と思わせるような見解や表現を摑みだせなくては、他の職員に一目置かれ、耳を傾けてもらうことは難しいであろう。逆に言えば、そういうものを生み出すには他の職員と相当かかわる必要がある。そういうわけで、ケース会議や職員会議およびその前後、食事や雑務を一緒にしながら、あるいはその合間、事務所でお茶を飲みながらなど、心理職はあらゆる機会を利用してこれに努めることになる。

ただし、異なる視点が「正しいのはどっちだ⁉」といった〝子ども理解の覇権争い〟となり混乱を招くのか、複眼的な視点となりより豊かな子ども理解につながるのか、その分岐点は、いわゆる専門性以前の事柄にも大きく左右されるかもしれない。他の職員にも当然独自の「見立て」とそれに対する自負がある（また、なくてはならない）。それをきちんと聴く姿勢が当然ながら必要である。また、「別の視点の提供」と言えば聞こえはいいが、うっかりすると悪い意味での「評論家」になりかねない。心理職が生活のリアリティや、職場および子どもの行く末に対する責任性を他の職員と共有していないと、その危険性は高くなると思う。

すべての仕事の起点としての「見立て」

ところで、「見立てをする」とは一見シンプルなようだが、よく考えてみれば実際にはさまざまなことを行い続ける必要があると気づくであろう。なぜなら、人間が人間を理解するという作業に完全な正解や終点はないからである。

「この人をよりよく理解したい。どんな手助けが今必要で、かつ何が可能なのかを考えたい」と願った時、一般に人はどんな方法をとるだろうか？　さまざまな手段が考えられるであろう。これまでどんな人生を歩んできたのか、その一端を示す記録を読む、その子が身を置いている環境を直接眼で見て肌で感じてみる、さまざまな場面の子どもの様子をしっかり見る、その子とかかわっているいろいろな人の話を聴く、みずからもかかわって一緒に遊んだり話をしたりしてみる、場合によっては心理検査などもしてみる、さらに自分がそれまでに得た見解を人に伝え、共有し、吟味してもらう……等々。これらの手段を児童養護施設での実務に引き移して考えると、生活場面に近い「施設ならでは」のものがいくつもあり、心理職もそのメリットを活かしうると気がつくだろう。

施設の中で心理職が「この人をよりよく理解したい」というその一点を起点にして活動を組み立てれば、「他職種との連携、コンサルテーション」「他機関（医療機関、児童相談所や学校など）との協働」「会議への出席」「生活場面面接」「記録」などがおのずと包含されてくるだろう。そして、そのような積み重ねが「子どものことで一緒に苦労している」という相互の感覚に結実すれば、結果として「他の職員へのメンタルヘルス」に貢献する場合もあるかもしれない。

「心理療法」（子どもとの個別の面接）の位置づけ

ここまでのところでは触れてこなかったが、心理職導入当初、主要な役割と想定されていた「心理療法」（ここでは子どもとの個別の面接）にもやはり大切な意味がある。施設の中で仕事をしていると、自分の面接以外の場面での、いろいろな人のいろいろなかかわりが嫌でも目に入ってくる。「生活の中の治療的要素」に目を凝らしながら膨大なそれらを見ているうちに、「自分の面接なんて、いったい何になるんだろう」と思えてしまうこともある。たしかに、そうたいしたことはできないようにも思う。しかし、それでも子どもと会って一定の時間を過ごしている以上、「何か」はしている。それはたくさんのファクターの中の一つにすぎないかもしれない。だが、その時間はかけがえのない大事な時間で、大切なファクターの一つでありうるという認識も必要と思う。とくに、自分の面接の〝小ささ〟を感じる場合には、その自覚を意識的にもつ必要があると思う。これはちょうど、個人における健康なアイデンティティが「大勢の中の一人にすぎない」という側面と、「かけがえのない、ただ一人の大事な自分なのだ」という側面とが裏打ちし合って初めて保たれるのと同じことかと思われる。

そのような「心理療法」であるが、実務上の意味は大きく分けて二つあると思う。一つは文字どおり、子どもに良き体験や作用を及ぼすものとして、もう一つは「見立て」に貢献するものとして、である。

(1) 治療援助手段としての面接

まず、子どもに良き体験や作用を及ぼすものとしての側面についてであるが、先述したように、他の職員が心理職に本当に望んでいることは、心理職による「治療」そのものではない。しかし一方、「子どもと個別の時間をもつこと」への期待もないわけではない。それは、「日々の生活の中では難しいが、大人を独占できる時間があるのはこの子にとって意味があると思う」、あるいは「普段いつもいる自分にだからこそ話せないこともあるのでは。それが話せる場があると、あの子も少し楽になるかもしれないし、変わるかもしれない」というものから、「とりあえず一時間でも面倒見る頭数が一人減ると気が楽になる」というものまでさまざまではあるが、一定の意義を付与される可能性をもっている。

より専門的には、森田（二〇〇二）が治療構造を保つことによる「対象恒常性」、また髙田（二〇〇二）が「大人との関係の築き方を試行錯誤でき、それが日常生活に広がっていく」「普段と違う自分を試す（演じる）機会」などの意義を述べている。私も、大人が子どもに対して用意できるかかわりのカード（手札）を増やすという点において、意義があると思う。時間と場所を約束し、他児による不測の侵入のないところで、大切な「個人」として遇されること。そして、自分が感じていることや表現することが尊重され、受け止められること。その中で、内的世界が整理・統合されること。こういったことは、規範を守らせたり生活上の課題を遂行させたりするという課題（これはこれで子どもの成長のために必要なことである）から比較的遠い「人」や「場」のもとでこそ可能な場合も多い。これはいわば「外来型」の心理療法に求めるものに近いイメージである。ただし、この「純粋型」を理想として追求し、生活の場にかかわらないスタンスを先鋭化させると、先述のような「施設ならでは」のメリットが死んでしまう。両者のメリット・デメリットを秤量しながら個々の子どもに適した時間や場所の「枠」を柔軟に創出することが必要で、そこに心理職の力量の一端が表れるものと考えている。

⑵ 人間理解の手段としての面接

もう一つ、「見立て」に貢献するという面についてであるが、心理療法的面接は治療援助手段であると同時に人間理解の手段でもある。そして、変化に資する理解は、傍で評論するような姿勢では決して得られない。相手との関係のただ中で相互に影響し合い、「子どもとぎりぎりのところで関わる経験」（森、二〇〇二）を積み重ねる過程を経ずには摑みとれない理解があるのである。そのようにして得られたこちらの理解の深度やかかわりのあり方に応じて相手も異なる面を見せ、それによりさらに相手への理解が深まり、そしてその人が「受け止められた」と体験したり、「成長できた」と感じたりすることが生きる支えとなる……というように、理解と治療援助は表裏一体となって進行する。ゆえに、プレイセラピーをはじめ、各種の心理的援助技法も「見立て」をより的確にすることに貢献するものと位置づけられるのである。その知見の深まりが、何らかの形でまたチーム全体に還元されることが肝心である。

「専門的」技術と心理職

治療援助手段、人間理解の手段、どちらが前景に出るにせよ、心理職たるものは、やはり「面接する力」がなければならないと思う。設定した面接構造の性質を踏まえ、自分と相手との関係性を勘案しながら、面接室で展開する事象の意味や相手の体験世界に通じる微細かつ微妙な感触をキャッチする力。そして、それをもとに相手の世界と交流していく力である。それは、これまで述べてきた「生活」の大切さ、面接外の諸事象に目を向けることの大事さとなんら矛盾しない。もし、「面接室内の個人心理療法にばかり自己愛的に拘泥することへの反動」のような形で「面接という方法」をおろそかにするならば、それはやはり心理職として一面的で、不十分だろう。とくに常勤の心理職は年数を経ると各種の会議やミーティングに参加を要請されがちで、意見も求められるので、ともすると「カンファレンス屋」になりかねない。施設内外のいろいろな会合に参加して意見を述べること自体は悪いことではないが、子どもとの関係の中で苦労する自分自身の体験を背景に培われた「面接する力」が基盤になくては、拙劣な「コメンテーター」になってしまう可能性もあると思う。

なお、「被虐待児」や「発達障害と言われる子ども」が増えてきたと言われて久しい中で、現在、さまざまな治療・援助技法やプログラムの開発、紹介が施設においてもさかんである。それぞれに意義あるものと考えられ、こういったものを積極的に取り入れ、試みていこうという機運の高まりが施設の中にあることはよいことだと思う。ただ、どんなに優れた技法やプログラムも、単体では効力を発揮しないということはよく踏まえておくべきであろう。すなわち、それらが実るには、「ここで、この人たちとの間で、よりよく生きていきたい」というベースが必要で、そのベースを作るのはやはり日々の生活なのである。

技法やプログラムをよりよく実らせる意味で、それら「先進的なもの」を率先して学ぶのは心理職の役割の一つに入るかもしれない。だが、率先して導入することは心理職の役割では必ずしもないと思う。むしろ、どの職種よりも批判的であることこそ、心理職の役割と言ってもよいかもしれない。「批判的」とは、冷笑的な態度をとったり反対意見を言ったりすることではない。人が言うことをあっさり鵜呑みにはせず、より深く学び、丁寧に吟味するという意味である。「最先端」と脚光を浴びている技術の原理はどこにあるのか。あるいは孫引き、曾孫引き的な引用をされるうちに原義から離れて使われるようになってしまった用語や概念の本質は何か。これをとらえ直すことは、心理職が積極的に担ってよい役回りであろう。たとえば、「愛着」とは本来どのようなものとして提唱されたのか？　「愛情の絆」という理解は正しいのか？　「発達障害」を「脳の機能障害」とばかりとらえていてよいのか？　そもそも「発達障害」を言う以前に、精神発達とはどのような構造をもったプロセスなのか？　効果が実証されたとされるそのプログラムは、どのような条件と能力を備えた対象に、いかなる場で実施されたのか？　といったことである。

心理職として機能できるためには

以上、施設の中の心理職の役割について述べたが、実際に機能できるようになるためには下地が必要である。いわば「〝心理職らしい仕事〟以前の仕事」である。その下地をどのように作っていけるかが大事だが、確実な方法論があるわけではない。少なくとも私は知らないので、「心理職として機能できるためには」と見出しをつけたものの、私自身は「どんな施設でもうまくやっていける」などという自信はさらさらない。これまでのキャリアを〝ひっさげて〟どこか別の施設に行ったとして、果たしてそこでうまく適応できるのか、はなはだ怪しいものである。「施設」と一口に言っても、組織運営のあり方や文化風土、価値観や志向性などはそれくらい異なるのである。なので、以下に常勤職員としての私の考えと動きを述べるが、これがどれくらい他の施設でも可能で、かつ通用するかはよくわからない。一つの例として記しておく。

まず、そもそもこれは職場の大人として当たり前のことなので言うまでもないのだが、あえて述べておくと、社会人としての挨拶、礼儀、言葉遣い、服装、立ち居振る舞い等はきちんと場に即したものであるようにする。施設内の掃除、草取り、会議前後のお茶や机の仕度・片づけなど、日常の基本動作に属することは他の職員とともに、むしろそれ以上に積極的にやる。それ以外の、組織運営が円滑に進むための、一見「雑事」に見えるようなことも、もちろん程度の問題はあるだろうけれども、可能な限り引き受ける。

そのうえでの〝心理職らしい仕事〟である。自他ともにそう思えるような仕事はやはりコンサルテーションやセラピーだろうが、そのような〝心理職らしい仕事〟がどのような形で行われるかは、足場である職場のニーズとの相関で定まっていくものだと思う。そうでないと、心理職としては援助のつもりでも、施設としては〝余計なお世話〟にしかなっていないという場合も生じうるからである。したがって、心理職がまずしなければならない仕事とは、施設の現状とニーズをよくわかるよう努力することだと思う。施設に心理職を導入しようという動きを積極的に担ったのは誰か。そのキーパーソンとよく話し合い、互いの考えに対する理解を深め、サポートしてもらう関係や体制を作ることがまずは必要だろう。そのうえで、「施設はこれまでどのような考えのもと、どのような努力をしてきたのか」「子どもと職員の生活は具体的にはどのような条件（周辺地域や学校環境なども含め）のもとに営まれており、どのようなリアリティの中を生きているのか」、とくに「その中で、子どもと職員はどのような困難を抱えているのか」、そして「職員一人ひとりは心理職をどのようなものと考え、どのようなことを望んでいるか」というようなことを他の職員とも話し合い、理解を深める。

これが可能となるためには、他の職員と日常のこまごまとした時間を過ごし、丹念に一人ひとりの職員の話を聴き、教えてもらうこと以外にさしあたりよい方法は思い浮かばない。他の職員の抱える実情は、わかるよう努めたところですぐにわかるとは限らないし、むしろ努力してもわかりえないことのほうが多いと観念すべきではあろう。だが、それでも常にその姿勢でいることには意味があるだろう。この点で言えば、「ちょっと脇に置く能力」は大切だと思う。たとえば、事務所で子どもに関する大事な話が自然発生的に始まった時など、やりかけのこと（たとえば記録とか）があっても「ちょっと脇に置き」、耳を傾ける、といったことである。とくに「今ちょっと大変そう」と思われる人の近くに努めて居る、ということが大切だと思う。

チームの一員になること

私はこの他、入職してからの最初の職員会議で、前章で述べたような、心理療法についての私の考えを簡単に述べる機会を得た。要するに「少なくとも私には、修理するように子どもをよい状態にすることはできない。子どもへのかかわりが正解かどうかの答えをもっているわけでもない。ただ、心理をやってきたものとしての自分なりの観点からみなさんと一緒に考え続けることはできる」という主旨である。そしてその後、迷惑にならない日時にあらかじめ約束したうえで、子どもの担当職員を一人ひとり回り、一時間半から二時間ほど話をして（聴いて）回った。主に先述したような、現状とニーズについて聴くこと、会議での私の話に対する感想や意見を聴くことを念頭に置いていたのだが、話をしているうちに、今いる子のみならず、かつて入所していた子どものエピソードやそこでの苦労などがうかがわれて興味深かった。他愛のない四方山話のようになることも多かったが、むしろそのような話から各職員の味わいのようなものが感じられ、子どもとのやりとりがイメージしやすくなったようにも思う。また、私自身の人となりや考えていることなども自然に伝わったのではないか。

こうしたやりとりを通じて互いの状況や考えを知り、一緒に苦労することを通してチームの一員になっていくこと（チームの一員として入れてもらうこと）が〝心理職らしい仕事〟以前にする仕事だと思う。もっとも、相手の話を丁寧に聴き、そのままに理解すること、等身大の自分を示し続けることは、きわめて〝心理職らしい仕事〟であるとも言える。

〝仕事〟以前の仕事と言っても、これをすっかり済ませてから〝心理職らしい仕事〟にとりかかるなどということはありえないわけで、これは常に継続して努めるものである。つまり「これができていないようでは心理職の仕事など成り立たない」という意味の「以前」であり、仕事の基盤と言えるものである。むろん、どんな仕事もそうであるように、完璧などということはない。努力目標である。

活き活きした話の輪を

難しいことはいろいろあっても、私は施設での養育は、とにもかくにも大人同士が寄ると触ると子どもについて「ああでもない、こうでもない」と話をしてさえいれば（そういう関係が大人同士ででできてさえいれば）、それでたいていのことはなんとかなると思っている。そういう話の輪の中に入ったり、入らないまでも興味深そうな顔をしながら傍で聴いていたり、あるいは場合によってはそういう話の輪を意識して作ったりして、大人同士の話の輪を少しでも活き活きとしたものにすること。それも施設の心理職の大切な役割だと思う。

〔**参考・引用文献**〕

楢原真也、増沢高「児童福祉施設における心理職の歩み」増沢高、青木紀久代編『社会的養護における生活臨床と心理臨床』福村出版、二〇一二年

森茂起「児童養護施設における心理職のあり方」『児童養護』三二巻、六―一〇頁、二〇〇一年

森田喜治「児童養護施設における心理職の役割について」高橋利一編『児童養護施設のセラピスト―導入とその課題』筒井書房、二〇〇二年

髙田治「児童養護施設における心理的援助―福祉領域の一例として」岡村達也編『臨床心理の問題群』批評社、二〇〇二年

5

「生活臨床」としての心理職業務の展開

「手段」としてではなく「結果」としての生活

これまでの章で述べてきたように、施設で暮らす子どもにとって、毎日の生活には大切な意味がある。それは治療的意味であり、教育的意味であり、またそれ以外のさまざまな意味でありうるが、これに異論のある人はそんなにいないだろう。児童福祉施設において、このモチーフは情緒障害児短期治療施設（以下、情短）では「総合環境療法」としてすでに共有された理念になっているし、児童自立支援施設も生活体験の積み重ねを伝統的に重視している。児童養護施設に対しても、その大切さはつとに指摘されている（滝川、二〇〇二／村瀬、二〇〇三）。ここでは、こうした心理臨床のあり方を「生活臨床」と呼んでおく。すなわち、日常生活の中のさまざまな場面や人間関係のあり方から、子どもの特徴やニーズ、成長の契機などをとらえ、言動の必然性やかかわりのヒントなどを見出し、生活の時空間全体が子どもにとって治療的、成長促進的になるよう構成していく臨床姿勢である。施設の種類が違っても、そこに本質的な差異はない。

しかし、ここでは「生活が大切」という命題の普遍性は前提としたうえで、あえて児童養護施設に特徴的な面に少し力点を置き、その課題と実際を述べる。その特徴とは、児童養護施設においては、基本的に「問題行動」や「症状」などに対する改善方法、治療援助方法として施設入所という手段が選ばれているわけではないということである。まず、「家庭では暮らせない、だから別の場所で生活せざるをえない」という事情があって、「ゆえに、そこで生活することになる」のである。そこでの生活は目的遂行のための「手段」というよりも、余儀なくされた「結果」として出来する色合いが強い。このことは、施設生活が子どもにとってどのようなものとして認識されるかに影響する。

施設生活は子どもにとってどのように位置づけられるか

児童養護施設の場合、はっきりした遂行目標があるわけではないので、そこでの生活は子どもにとっては「自分が主体的、能動的に取り組むもの」となりにくい。「治療」なら、むろんすべてが自分の問題ではないとしても、「自分の課題」として取り組む動機も生まれよう。また、それを形成していく営為自体が治療プロセス上の重要な肝ともなる。しかし、児童養護施設への入所は自分の問題性とは別次元なところから「強いられたもの」であるという側面が強く、しかも親の行方不明や犯罪行為など、子どもへの説明としてはあいまいにならざるをえない場合も多い。二、三歳の幼児はもちろん、ある程度の年齢の子でも、なぜ自分が施設で暮らさねばならないのか、家族とどうして離れることになったのか、たとえ文言的には理解できても、あるいは形のうえでは「自分から望んだ」格好になっていたとしても、こころの底からは納得できず、「自分は悪い子、要らない子だった」「捨てられた」「本当だったらこんなはずじゃないのに」等の思いを底辺で燻らせることになりやすい。

また、余儀なくされた「結果」であるということで、施設生活は子どもにとって「家の代わり」との位置づけになる。施設のほうとしても基本的にはそういう志向性をもつし、実際、歴史的にもそのような役割を担ってきた。児童養護施設は平均入所年数が他の児童福祉施設に比べずっと長い。中には幼児期から高校卒業まで過ごす子もいる。そこまではないとしても、多かれ少なかれ「ここで大きくなること」自体が目標という側面が児童養護施設にはある。仲間や大人たちと出会い、遊んだり仲違いをしたり恋をしたりして生の人間関係を体験し、さまざまな感情を味わう。毎日の食事や入浴、娯楽などを通して一般的な生活感覚や作法を身につけ、勉強、部活、バイトなどをしながらいろいろな技能を培う……そうして少しずつ大人になっていく。親が実際には存在していても、「被虐待児」が増えても、「発達障害と言われる子」が多くなっても、児童養護施設における「生活」は、まずはそういう意味をもつのである。

児童養護施設における「生活臨床」の課題

以上のような特徴から、児童養護施設における生活臨床の課題としては次のようなものが浮かび上がってくる。もちろんそれは、心理職のみの課題ではなく、そこでの養育に携わる者すべてにとっての課題である。

⑴ 自分の生を自分のものとして引き受ける

一つは、受身的に強いられて始まった「ここ（施設）で過ごすこと」を、人生の一部として子ども自身が位置づけ直せるよう、心配りと工夫をすることである。「施設で暮らすこと」を自分のものとして引き受けるということは、自分の親や家族をどのように受け止めていくのか、そして自分の存在とは何なのかを問い、見極め、受け入れていくこととほとんど同義である。これは人生全体を通しての課題と言ってもよいほどであるから、当然、一朝一夕に果たされる課題ではない。長い時間的展望の中で、行きつ戻りつすることを前提に、それぞれの局面で大人は子どもにとっていかなる存在であればよいのか、どのような工夫や配慮が可能なのか、考え続けていく課題である。

たとえば、幼稚園には父の日や母の日の行事がある。親に向けての絵を描き、歌を習い、プレゼントを作る。その時、職員は子どもの態度や表情に何を読み取るのか。子どもとどんな話をし、地域のお友だちやその親御さんに自分を何者として位置づけて参加するのか。小学校に上がっても、授業参観や運動会など家族が集まる機会はいろいろある。授業でも、二年生くらいで「自分の名前の由来を調べよう」「小さかったころの自分について、おうちの人に聞いてこよう」といった課題が出ることがある。職員はどんなふうにそのかたわらにいて、どうその課題を乗り切るのか、あるいはやり過ごすのか。そういったことさらな機会ではなくても、風呂あがりの脱衣場でいきなり「俺のお父さんってどんな人なのかな。俺、会ったことないからわかんないんだよ」と不意打ちのようにして聞かれることもある。窮する他ないようなその問いかけに、職員は何を答えるのか、あるいは答えないのか……。これ以降も思春期には思春期の問い直しがあり、退所後には退所後の問いの継続がある。そういうことにその都度精一杯応えていくことが必要になる。

(2) 「普通」を志向する中での「個に応じたしつらえ」

もう一つは、「一般的な家庭環境により近づけていこう」という志向性と、「それだけでは済まない」という現実とをいかに調整し、具体的な援助のあり方を創造していくか、という課題である。

前述のように、「子どもが大人になるための糧そのものとしての生活」という側面が児童養護施設には抜きがたくある。だから、その糧を充実させ、生活感覚を豊かに養うことは大切である。しかし一方、「家庭的な環境」に近づければ万事それでよしとなるかと言うと、残念ながらそうはいかない。「家庭的な枠組み」——そもそもこれ自体、形態や規模ばかりが取り沙汰され、養育メンバーの頻繁な入れ替わりなどの中身はよく吟味されないままに使われがちな概念であるが——では対応しきれない子どもも一定数いることは免れない事実だからである。

障害や病理性を前提としない表看板をよそに、その実、児童養護施設に入所してくる子どもの相当数は知的発達面、情緒面、行動面等、さまざまな領域に遅れや偏りを抱えている。ただ、その程度に関して言えば、より専門的な機関における「治療」や「矯正」を要するほどではないことが多いので、そういう子たちも「問題のない子」を前提とした人員体制や居住環境の中に置かれることになる。

そこでしばしばせめぎ合いが生じる。「治療施設」や「矯正施設」なら、一般の生活感覚に照らして少し特殊に感じられることも、今のその子の課題やニーズによっては「必要なこと」として構成しやすいだろう（たとえば、はさみやカッターなどを貸し出し制にするとか、日課の遂行を明確に時間で区切る、授業時間数を制限するなど）。しかし、「家の代わり」であろうとする志向性が作用している中では、同様の対処が必要となった場合、そこに齟齬が生じる可能性がある。ゆえに、これをどう調整し、子どもに合った援助を構成していくかが考えどころとなる。

(3) 施設を離れたあとの生活も視野に入れること

ところで、「生活臨床」という言葉は、元来、群馬大学で一九五〇年代の終わりから手がけられた、社会生活をしている分裂病（現・統合失調症）患者を主な対象とする診断・治療の体系を指している。入院や通院による精神症状等の改善を直接の臨床課題とするのではなく、地域生活をしている患者の予後や社会適応の改善、社会参加の促進等を目標に、患者の日常の生活行動を観察、整理し、その特徴に合わせて生活相談・生活支援の働きかけを行うものである。そこでは、診断と治療の場を診察室ではなく生活場面の中に求めている（伊勢田ら、二〇一二）。〝結局のところ、患者は社会の中でどのように生きていけるのか〟、それを最終的な課題としている。

もちろん、その生活臨床とここで言うそれは同一ではない。しかし、あえてそれになぞらえて考えるなら、児童福祉施設の生活臨床も、視野を入所中に限るのでは十分とは言えない。それでは入院生活だけを治療と考えるようなものである。〝結局のところ、子どもは社会の中でどのように生きていけるのか〟、退所後の子どもの人生を視界に収めようとすることが基本姿勢としては必要であろう。とくに児童養護施設は他の児童福祉施設に比べ、社会への「出口」になることが多い。退所後の子どもの生活破綻や調子の崩れが比較的耳に入りやすいのも児童養護施設であろう。そのような時、周辺の関係機関と連携しながらいかに再出発の方途を探れるかということも、児童養護施設の生活臨床が視野に入れるべき事柄と思われる。これは、金銭や住居等の援助を直接行うことでは必ずしもない。かつて子どもが人生の一時期を過ごしていた機関として、情報提供やカンファレンスへの参加など、現在の彼らをサポートする諸資源がより機能するような役割を果たすことがもっと考えられてよいだろうという意味である。

「生活臨床の実際」の前提

以下に「生活臨床」の実際を示すが、生活臨床は生活のさまざまな場面や人とのかかわりに潜む意味を見出し、また構成していくものであるから、「実際」と言っても、その全貌をもれなく網羅することは不可能である。示される「実際」は必ず何らかの観点に即して挙げられる。ここでも同様で、ここでは先に挙げた「生活臨床の課題」のうち、(1)子どもが自分の生を自分のものとして引き受けること、および(2)「普通の家の代わり」を志向することと「個に応じたしつらえ」を調整し創造すること、を意識しながら例を示す。その中で、心理職がどのように見立てをし、他職種・他機関と協働していくかも示したい。

子どもに「引き受けること」を望む手前で

ここではまず、「子どもがみずからの生を引き受ける」という課題に関連して、その手前にある、大人側の「引き受けること」について述べる。これまで自明の前提としてあまり省みられることがなかったように思うからである。

子どもがみずからの生を自分のものとして引き受けられるようになる土壌は、大人自身の「この子を引き受ける」という心組みとつながっている。それは「この子の全人生を背負う」という大仰な意味ではなくて、「この子が人生の一時期を過ごすここでの時間を、自分も責任をもってともにする」という意味である。大人側にこの姿勢がなくては、自分の身に降りかかるさまざまな出来事を子どもがしっかり受け止めることなどできようはずがない。だが、それは養育者に自動的に備わるものではない。親であれ、施設の職員であれ、一定のプロセスの中でそれは行きつ戻りつしながら「形作られていく」ものである。

一般家庭においても、子どもを迎えるにあたって万全の準備状態で必ず歓迎される時期に妊娠という事態が出来するかと言うと、そんなことはない。「望まない妊娠」は虐待のリスク要因の一つに数えられもするが、「予想外の妊娠」を含め、ごく普通の夫婦の間にもそういうことはありうる。そこでは未知の事態への不安や戸惑いも当然生じる。だが、多くの場合、親族をはじめとする周囲からの物心共々の励ましや助言、親学級や各種育児情報、少しずつ始まる胎動……こうした支えによって徐々に「この子を引き受ける」という気持ちが定まっていく。

施設の職員にも同様のことが言える。仕事だから引き受けて当然だと言われればそれまでだが、生の気持ちはそういう建前の言うことを聞いてくれるわけではない。まして職員は養育の途中参加者である。職員においても「この子を引き受ける」という構えが育っていくためにはさまざまな支えが要る。

大人側の「引き受けること」を支えるために

ある生活担当の職員（以下、担当職員）は、隣接する自治体からの措置変更で来た小学生女児に入所前からどうも気持ちが乗らなかった。児童相談所（以下、児相）の記録によれば、（それが措置変更の理由ではなかったのだが）前施設では多くの職員から嫌われていたという。何がそこまで関係をこじらせたのだろう。前施設の職員とは児相で話をしたが、その人の硬い表情ばかりが強く印象に残った。

実際に生活を始めてみると、なるほどこれは苛立つな、と少し理解できた。常にせわしなく動き、引き出しを開けてちょっといじっては、その引き出しを閉めきらないうちに視線と手はもう別の引き出しに移っている。「これ何?」と尋ねてくるので答えると、すでに関心は別のものに移っていて、せっかく答えているのに聞いていない。ちょっと小馬鹿にされた感じを受けた。少し語調を強めて言葉を入れようとすると、ますます聞かない様子を示し、そればかりか「ヘン」と挑発的な一瞥をくれた。

心理職は以上の話を聴きながら、生活場面で自分も同じような様子を目にしたことを思い返し、ADHDという単語を思い浮かべた。それを頭の片隅に置きつつも、しかしその一方で、好きな遊びは一人で三〇分でも一時間でも集中しているらしいことに気を留めた。発達論的には、共同注視の基盤となる愛着関係や応答関係が覚束ない子だったのではないか。出生後一年ほど、精神疾患をもつ母のもとでネグレクトに近い状況だったことがまず気になった。好奇心や探索行動などの活動性の資質はもともと高いのかもしれない。だが、刺激が多い中で不安や緊張が高まると注意が拡散しやすくなり、周囲が嫌悪や叱責の気分を伴ってムキになるとそれを察知し悪循環が起きる、という可能性もあるのではないか。挑発的なしぐさは、そのような悪循環の中で身につけたおまけのようなものだろうか……。心理職はそのような想像をボソボソ話しつつ、担当職員と記録を読み返しながら一緒にその子の年表を作り、乳児院時代の記載があまりないことを視覚的に再確認した。もう少しこのころの様子を知りたいですね、と話し合い、担当職員と家庭支援専門相談員（ファミリーソーシャルワーカー）と心理職、および児相の福祉司とでその乳児院を訪問し、話を聴かせてもらうことにした。その段取りは児相にお願いした。忙しい中であろうに、すぐ動いてくれた。

連携、見立て、援助の循環

乳児院では貴重な話を聴くことができた。まず、人見知りはほとんどないが、場所見知りが激しかったということである。ここからは、「自分を落ち着かせてくれる確かなもの」として人間をあてにできず、「場所」にこころの安定基盤を託していたことが推測された。乳児院に入る前の内的世界の殺風景さを想像させる一端であったが、それでも救いだったのは、当時からいたスタッフが今も残っており、そのころの彼女の様子を、往時もあった拙さや落ち着かなさも含め、楽しそうに活き活きと語ってくれたことである。丁寧な記録があり、写真も見せてくれた。ほとんど今と同じような顔立ちだった。

「この子にも大事にされていた時期がちゃんとあるんだ」――これは、担当職員にとって、またもちろん心理職にとっても、大きな希望の材料と言えた。担当職員の気構えも、好循環に向けて少しシフトしていくようだった。その時期を一所懸命育て、あとに託そうとした人たちがいる。児相の福祉司にも熱意が感じられる。……「この子を引き受けていこう」という担当職員のこころの形成は、案外こういったものにも影響を受けるのである。単に「職業上の熱心さ」だけに還元できないものがある。心理職を含む他の職種との協働も、その一部と言えるだろう。

担当職員の気持ちが少しばかり前向きになったからと言って、養育がそれだけでうまくいくなどということはむろんない。だが、こころの交流の端緒は、そういう「少しばかりのこと」に支えられる面がある。少なくともないよりはいい。担当職員は乳児院時代の写真を見たことで少し気を楽にし、「まだまだ幼児さんと同じようなものだ」と鷹揚に構えられるようになった。

考えてみれば前施設のほうも、彼女にいろいろ身につけてほしくて必死だったのだろう。この子ももっている資質の中で苦心して生きてきたと言える。だが、双方の必死さが結果として厳しいこじれを生んでしまったのかもしれない。そう思うと、担当職員はたいていのことは「ま、いっか」と流し気味になり、注意の転導や多動なところは当初ほど気にならなくなった。それに呼応してか、彼女の落ち着きのなさや挑発的なしぐさも結果として減り、むしろ周りの職員、とくに日ごろ密なかかわりのない職員は、幼児に近い顔立ちの彼女を「可愛い」と能天気に面白がってくれた。「傍で見ているだけならそうかもね」と担当職員はいたずらっぽく笑って悪態をついたが、多くの職員から嫌われている状態よりよっぽどいい、とも思った。

幸運に助けられること、環境を整えること

彼女と同じホーム（施設における五、六人規模の生活単位）に住んでいる他の子は、彼女より年上の中高生だった。どういうわけか、彼女は年上に上手に遊んでもらうことができず、少し嫌そうな顔をされるとますますしつこくなりがちだったので、そこが危ぶまれた。実際、はじめのうちは、休日など一緒にいる時間が長い時は、中高生に「いい加減にしろ！」「お前聞いてねえだろ！」「バカにしてんのか！」と怒鳴られることもしばしばだった。だが、この時のメンバーはわりと落ち着きがあり、学校生活にもうまく乗れている子たちばかりだったので、部活やバイトがいっそう忙しくなると、そんなに時間帯が重なることはなかった。おかげで「準幼児」として、他のホームの年下の子とのんびりできる時間を多くもつことができた。これは幸いだった。乱暴な小学生ばかりがメンバーだったら、ずいぶん違った雰囲気になっていたことだろう。

学校では刺激が多いぶん、ホームよりも気が散ってしまうことが多いようだった。なくし物が多く、

とくに消しゴムが毎日のようになくなったので、消しゴムは紐でくくって筆箱とつなげた。また、担任の教師と担当職員、心理職とで協議のうえ、体育の着替え時などには衣類が散逸しないよう、少し意識して傍にいてもらえるようになった。無用に叱られる回数はいくぶん減ったようだった。

「問題行動」への見立てと対処

こうして一年ほどが経ったが、いいことばかりが続いたわけではない。彼女の部屋にはこちらが買った覚えのない物品が時々目についた。学校の同級生や隣室の子のものを持ってきてしまうらしい。いろいろ大目に見ていた担当職員もこれは見過ごせない。同級生の家に一緒に謝りに行ったり叱ったりすると本人は泣いて謝り、その場ではしょげていたが、その後はケロッとしており、繰り返された。その中で、入所後半年ほどしてから始めていた心理面接（プレイセラピー）でも、部屋の遊具を持って帰ってしまうことがあった。まんまと持ちだされた心理職は自分の迂闊さを苦々しく思いながら、担当職員とこれまでの「盗み」を一つひとつ検証してみた。状況証拠からちょっと調べたり問い詰めたりするとすぐ出所は知れたので、秘匿する計画性や意思は希薄であろうと思われた。また、物品の一つひとつは彼女にとってあまり有用そうなものではなく、系統だった趣味や狙いなどはあまりなさそうだった。たまたま目に入って綺麗だと思った、なんとなく面白そうだ、欲しい。そういう衝動性がそのまま行動に移されたかのようで、さらに言えば、「自分のもの」と「他人のもの」の境界も不明瞭と思われた。「幼児さんが砂場で見かけたよその子のシャベルを自分のものにしちゃうような感じでしょうかね」という心理職の感想に、担当職員は頷いた。

「人にも大事なものがある」ことが身に沁みるためには、規範をしっかり教えることと同時に、「自分にとって大事なもの」という感覚を養うことが迂遠なようでも必要と思われた。それは自分が大事にされることと表裏一体で、食事の席や食器、衣服、寝具、持ち物などの購入、繕い、整理等、まさに生活全体を通しての課題ではあったが、個別面接の時間もその一環として位置づけうると思われ、心理職と担当職員とでそのことを確認した。心理職は「この時間は私も大事だと思っている」という姿勢で一回一回の約束を丁寧な字で書き、カードにして渡した。同じ曜日の同じ時刻の「自分の時間」は徐々に定着していった。

担当職員は盗みが発覚すると、なかばは「またか」と思いつつも、その都度真剣に叱り、話を聴き、時には数日間の帰宅後外出禁止令を出した。その一方で、手洗い、うがいや宿題など、ポスターで明示した二、三の生活の決まりごとを守れるとしっかりほめた。幸いなことに、彼女は「ほめられることを喜ぶ」ことができる子だった。担当職員と心理職は、これは貴重なことだと思った。ほめられることを素直に受け取れない子も多々いるからである。

ある時、二ヵ月ほど盗みが発見されない期間が続いた。ちょうどクリスマスの時期と重なったこともあり、担当職員は「そのごほうびに」と宣言したうえで、しばらく前から彼女が欲しがっていた靴を一緒に買いに行った。彼女は色も自分で選んだその靴を気に入り、一応大事にしているようではある。盗みはその後ないようだが、感知していないだけかもしれないと、担当職員は楽観していない。入所後一年半ほど経ったこのころにはもう、「この子を引き受ける」感覚は――もっとも、主観的にはその語感ほど「決意」的なものではなく、「この子と普通にいられる、自然に成長を願える」というもののようだが――ほぼ前提と言ってよさそうだった。

解決しきらない問題を抱え続けること

子どもが「自分の生を引き受ける」前段にある、担当職員として「この子を引き受ける」気持ちを形成するプロセスや、生活の中で心理職が他職種とどのような連携をとりながら問題を見立て、対応していくかの一端を示した。筆力の不足や例示という事の性質上、「パッと理解が進み」「直線的にうまくいった」かのような書き方になってしまったかもしれない。だが、「生活臨床の実際」は、本当はもっとうまくいかないことだらけである。少なくとも私においては、確からしい一つの認識を摑むまでに、不毛かつ非効率的な時間を膨大に重ねていることが多いようにも思う。

読んで気づかれるとおり、このような創作事例ですら、今後もさまざまな「問題」が出てくることが予想されるであろう。この子が自分の家族や施設入所に至らざるをえなかった人生をどう認識し、受け入れていくのか等の課題に至っては、まだまだこれからという他ない。この時点はまだ、日々を精一杯過ごしながらその下準備をしているような段階で、やがて機が熟したらライフストーリーワーク（楢原、二〇〇八）等を参考にしながらの関与が必要になってくるのかもしれない。また、そこに至る過程においては、援助チームのひずみ（増沢、二〇〇九）等の危機もありうるだろう。

どの子においても程度の差はあれ、その時期その時期で新しい課題、問題が生じる。児童養護施設の生活臨床は、子どもの退所後も含め、この繰り返しである。「終結」の像もおよそ不鮮明である。このように、長い時間軸の中で解決しきらない問題を抱え続けるのが、とりもなおさず「児童養護施設における生活臨床の実際」であり、また課題なのだと言えるかもしれない。

〔参考・引用文献〕

伊勢田堯、小川一夫、長谷川憲一編『生活臨床の基本―統合失調症患者の希望にこたえる支援』日本評論社、二〇一二年

増沢高『虐待を受けた子どもの回復と育ちを支える援助』福村出版、二〇〇九年

村瀬嘉代子「被虐待児の理解と援助のあり方」『子どもの虹情報研修センター紀要』一号、二四―三七頁、二〇〇三年

楢原真也「児童養護施設の子どもの自己形成のための援助―生活場面の記録の分析を通して」『子どもの虐待とネグレクト』一〇巻、三四四―三五二頁、二〇〇八年

滝川一廣「要保護児童の発達と回復」『世界の児童と母性』五三号、一〇―一三頁、二〇〇二年

第2部　児童養護施設の心理臨床の経験

6

「心理療法」の入り口、あるいはその手前の仕事について

はじめに

第一部で述べたように、児童養護施設の心理職の本質的役割は「見立て」をすること、すなわち、「主に心理学的観点から子どもを理解し、他の大人と苦労しながら必要な援助を模索すること」だと私は考えている。また、生活の治療的意味を見直すことや他職種・他機関との連携などが心理職の重要な役割であるとも述べた。

とはいえ、子どもと個別の面接をしない心理職はほとんどいない。にもかかわらず、重要であるはずの、そこに至るまでの作業には十分な注意が向けられていないように思われる。それゆえ、ここではその部分に焦点を当てようと思う。そして、それを通して施設の心理職の機能を一端なりとも示せればと思う。

しばしば省略されるもの

この仕事に就いて以来、児童養護施設の心理職による「心理療法」の事例を目にする機会は少なからずあった。それはたとえば、こんな具合に描かれる。――プレイルームにおいて、はじめは関係の作りにくかった子どもと心理職に徐々に安心できる関係が作られていく。それとともに被虐待場面の再現かと目されるような暴力的行為や仲間外れ、死や救出などのテーマが人形相手に、あるいは心理職その人との間に展開される。延々と続くゆとりのない繰り返しに心理職のほうも汲々となっていくが、プレイの意味を読み、子どもの気持ちを汲みながらなんとか居続けるなかで、次第に甘えを含んだ退行的な雰囲気も混じり始める。やがて「小さなもの」を癒し、励まし、現実に対してなんとかやっていこうという力が感じ始められるようになってくる――など。

学校や施設の日常生活ではどのような要因が働いていたのか、などが往々にして申し訳程度にしか盛り込まれていないことへの疑義はある。しかしそれはそれとして、心理職との間に展開したこうした事柄が、子どもに何らかの意味をもっているであろうことを私は信じる者である。ただ私には、それが「いきなり」あるいは「いつの間にか」始まっている、としばしば感じられ、戸惑う。事例報告には、おなじみの体裁は整っていても、私には大事だと思われることが略されているからである。――心理職とその部屋について、誰がどこで何と話したのだろう？　部屋を訪れた子どもに対し、心理職は自分とこの場をどんな言葉で説明したのだろう？　子どもはそれをどう理解し、感じたのだろうか。いや、それ以前に、誰が何を感じ、どんな見通しをもってその場を選んだのか。心理職自身はその子と過ごす時間にどのような意義や狙いを見出しえているのか。生活の中でどう位置づけ、どんな言葉で他の職員とそれを共有しているのか——。その後に展開される内容がいかに劇的で鮮やかでも、いや、そうであればあるほど、このようなことがこころに引っかかってしまう。私には、そういった面接以前および面接初回の作業が、面接を有意義にするために決定的に重要と思われるのである。それは、「心理療法」は二重の意味で「選ばれるもの」であり、それによって初めて意味をもつからである。

二重に「選ばれるもの」である心理療法

第一は、援助方法の一つとして大人によって「選ばれるもの」という意味である。「特殊な場で大人と一対一で話す・遊ぶ」という、普通の生活者の日常にはないことを行うとするならば、大人の側に「そうすることでこの子にはこういうメリットがあるのではないか」という見通しが多少なりとも要るであろう。具体的かつ分化した表現で子どもにも提示できる見通しである。それをもつためには、担当職員はじめ、周囲の大人と心理職が「この子はどういう子か、何が必要な子か」をよく話し合っておく必要がある。

第二は、子どもの能動的な選択によって「選ばれるもの」という意味である。「特定の大人が定期的に、自分のためだけに時間と部屋を用意して待っていてくれる」というのは、考えてみればなにやら怪しげな誘いである。たしかに子どもは「大人が自分のためだけに時間と労力を注いでくれる」ことを喜ぶ場合も多い。しかし、「なぜこの大人はこんなふうに自分の相手をしてくれるのだろう?」という疑問はよぎらないだろうか。明文化された言葉では意識されなくとも、体験として不思議なはずである。一般的に言っても、子どもという存在は、生きる場をみずからの主体性や意思では選べず、置かれた状況に対して十分な理解が届かないゆえ不安を抱えやすい。施設入所など、その最たるものであろう。「面接という状況に入ること」は違うと言えるだろうか? 単に「好きなことをして遊ぶ場」などといった場合、不可解な状況を理解しようとする子どもなりの論理的帰結として、「自分はかわいそうな子、問題のある子だから大人が遊んでくれる」などと思わない保証はない。なので心理職は、自分が何者か、この場はどういう場か、自分はいま、あなたをどう理解し、どうかかわろうとしているかを、子どもに届くような言葉で話す必要がある。そのうえで子どもが選ぶのである。結果はどうあれ、その際の個人として遇される体験や主体性・能動性の発動に意味があると私は考えている。とりわけ、そのような体験に乏しい子たちだからである。

二重に「選ばれる」プロセス

例を示す。不備も多いが、もとよりこれが見本だなどというつもりはない。自分の実際を示さねば、記述として一面的だろうと考えるゆえである。

「この子はどういう子か、何が必要な子か」を知る作業は入所の打診に始まる。「また大変そうなケースだ」。施設長がぼやく。ファミリーソーシャルワーカーが担当職員や施設長と一時保護所へ会いに行く。見学や体験入所も始まる。「エネルギーがなさそう。小二にしては小さかった」。その都度、その時の様子がつぶやかれる。……私がある子どもについて知る手始めは、周囲のざわめきということになろうか。些細ではあるが、ケースの雰囲気を知るのに侮れない情報である。意識して聴く必要がある。

送られてきた児童相談所の記録を読む。繰り返し読む。不明な点や疑問な点、詳しく知りたい点が出てくる。記録以上のことはわからないことも多いが、児童相談所に尋ねてみる価値はある。尋ねた箇所が詳しくなった記録が後日送られたことがあった。うかうかしているとワーカーが変わってしまい、確かめようがなくなる。早く行うべきだが、うかうかしがちである。心理検査もその所見を生活で活かすには「心理診断書」一枚だと心許ない。できればロー・データを踏まえて考えたい。入所後に児童相談所へ、時には担当職員とともに行くことがあるが、入所前もすべきだろうか……などと考えているうちに入所日となる。親族、施設長、担当職員、ケースワーカーなどすでに複数いて、それ以上の大人で取り囲むのも威圧的だろうから、私は入所日の面談に入ることはあまりない。しかし、面談および入所から数日の様子は聴くことを心がけている。

「転居に次ぐ転居で落ち着かなかった子。あまり一度にたくさんの人物が登場しても戸惑ってしまうだろうから、一ヵ月ほど生活の場だけで様子を見たい」と担当職員が言うこともある。ほどなく「ものを噛む力が弱く、転びやすい。シャワーも必死の形相で浴びている。心地よい、という感覚が育っていないのでは」等の話が出てくる。学校でも「周囲に合わせる、という感覚がそもそもわからない」らしい。遅くとも三歳には手ひどい暴力を受け始めたと推測される。面接室を使うイメージは湧かないが、大人と一対一でいるのが恐怖ではないようなので、面接室までの道を外の空気や季節の変化を感じながら「二人で歩調を合わせて一緒に歩く」ことは、言語以前のコミュニケーションを育てる意義があるかもしれない。――たとえば、担当職員とそんな話をして個別の時間が選ばれる。頻度や曜日、時間帯、一回あたりの時間などもおおよそこの時に取り決める。

ここに至り、私は担当職員から「あの部屋の内海さんって人が挨拶に来る」と子どもに一言言っておいてもらったうえで生活の場に赴き、「自分と部屋の紹介をしたいから、一度来てほしいのだけれど……」と声をかけ、会う日を約束する。それにどう反応するか、面接室に訪れた子がどんな面持ちかも見る。

「こんにちは、内海と言います。だいたいこの部屋で、一人ひとりとお話ししたりする人です」「僕もここの大人だから、全部ではないけれど、○○君もここに来るまでいろいろあったと知ってる。大人の都合でずいぶんあっちこっち行って、ひょっとすると、いまも自分がどこに行くかわかったもんじゃない、落ち着かなくて、大人に怒りたいような気分があるかも……そんな気持ちばかりで暮らしにくくなってないか……とか思ったりするんだけど……」「このお部屋はね、時々お話ししたり遊んだりして、気持ちが落ち着いて少し暮らしやすくなるといいなーってためにあるの」「でも、いまはお部屋だと窮屈かも……と思って。たとえば、歩くのが嫌いじゃないなら、しばらくは一緒に散歩してみるのはどうかなーと思うのだけれど……」「まだよくわからないかもしれないから、〝様子がわかるまでしばらく試してみない？〟って思うのだけれど、どう？……」

このような話にまるで反応を示さない、という子は、今のところ私は経験がない。そっぽを向いていても、程度の差はあれ耳はこちらに照準を合わせている。こちらはむろん、子どもの反応を見ながら今の心情に即した言葉を面接中に探すのではあるが、その出来不出来は、やはり担当職員と思いめぐらしていた子ども理解の質によると実感している。そのうえで、子どもに「選んでもらう」のである。とはいっても、こちらとしては完全にニュートラルなわけではなく、担当職員と作り上げた見解やその時の子どもの様子によって、どのくらい勧めるかは異なってくる。結局のところ、個別の面接に来る―来ないは、子どもを見据える大人の眼の深さと、見据えたことを伝える的確さと、それに感応する子どものこころとの関数の中で決まってくるのだろうと思う。

あらましとしてはだいたい以上であるが、このようなプロセスを踏んだからと言って、「自分は○○という目的のために面接に行くのだ」という治療契約的な動機づけが子ども側に自覚として形成されるわけではない。「なんで内海さんのところに行くの？」と他の大人や子どもに尋ねられれば、「うーん、わかんない」と言葉を濁したり、「遊びに行ってるの？」と言ったり、「だって〝内海さんの日〟だもん」という答えだったりする。そういうものであろう。ただ、最初にしゃべった内容は忘れられても、「あなたのことを一所懸命考え、理解しようとした」姿勢や存在感《プレゼンス》のようなものは、どこかに痕跡としてでも残ればと思っている。心理職のほうに残っているだけでも意味はあると思う。

おわりに

「主に心理学的観点から子どもを理解し、他の大人と苦労しながら必要な援助を模索」しようとする私なりの試みは描くことができたろうか。ここで述べたことは心理面接の基本であり、特別なことではない。だが、児童養護施設という場においては、面接以前の作業にとくに手間ひまをかける必要があると思う。というのは、外来治療では「主訴」を扇の要として話が展開し理解が深められていくが、入所施設では面接への切符たる「主訴」が表立ってないことが多いぶん、子どもとの面接だけではその子の今の「困り感」を汲み、その子にとっての面接の意味をともに「練り上げる」ことが難しいからである。

なお、面接の終結について一言すると、これはやはり面接の始まりに呼応する。「主訴」が表立ってないことが多い以上、その解決が終結の理由になることはほとんどない。たいていの場合は、中学に入って部活が忙しくなったからとか、家庭引き取りが決まったからとか、外的、偶発的要因によって決まる。そもそもの目的が「言葉以前のコミュニケーションの感覚を育てることに一役買えれば」といったような「育ち」の課題にまつわることが多いので、そういう意味で「終わり」はないのである。私としては、いろいろな気がかりは残りつつも、「必要があったらまた会おうね」という形で、その後のその子の育ちを見ていくスタンスである。その姿勢を折に触れて子どもに届けたいと思う。

ここで扱ったのは心理職の仕事の一部の、そのまた一部である。しかし、この局面だけでも、他職種・他機関との連携、「見立て」の共有、生活の中における面接の位置づけ等の作業が含まれていると思う。こうした作業を生活のさまざまな場面においていかに柔軟かつこまやかに行うか。児童養護施設における心理職にとって常に課題であると私は考えている。

7 児童養護施設における子育ての課題

はじめに

「児童養護施設における子育て」という表題を前に、私は少々複雑な心情を抱いている。これが一つのテーマになるのは、そこでの子育てに何らかの特殊性があると目されているからであろう。そしてその際の「特殊」とは、現代日本における一般的な養育形態である家庭養護との対比においてであろう。

このように、施設と一般家庭の差異に言が及ぶ気配を感じると、私の中でつい反応してしまう部分がある。「そんな特別というわけでもないです」と。しかし、「施設での子育ても、普通の子育てと変わりないですよね」などとあっさり言われたら、それはそれで「そんな普通というわけでもないです」と思ってしまうだろう。ひねくれているつもりはないのだが、このあたり、一色ではないのである。

施設で働く者でこのような心情を抱くのは、私だけではないのではないか。むしろ、こんなふうに「特殊」と「普通（一般）」との間で、矛盾する心情を往復するところにこそ、「児童養護施設における子育て」の特徴があるようにも思う。日ごろはそこでの子育てが「普通」であれかしと願い、子育ての一般性や普遍的側面に目を凝らしているのだが、「特有の困難」を知らずして、あるいはおぼろげに知った内心の戸惑いを「ないことにする」かのように、軽く「普通」と外から言われることには、いくぶん反発めいた気持ちが生じてしまう。「特有の困難」を見据えたうえで、一般に通じる何かを見出したいのである。「特有」とは、そこに顕現しやすくはあるが、「そこにしかないこと」ではない。

それゆえ本章では、この「特有の困難」について日ごろ私が感じていることを述べ、それに対し何が必要かを考えたい。そして、それが一般の子育てにも通じる課題であることを示唆できればと思う。なお、私は児童養護施設の職員ではあるが、心理職である。「児童養護施設における子育て」を語るなら、本来、子どもと起居をともにし、日々の生活のこまごまとした営為の中に生きる職員のほうが相応しいと思われ、その点、私としては気後れを拭い去ることができない。中核ではない人間の視点にも、事象を見る目の複眼化という意味はそれなりにあるのかもしれないが、あくまで子育てにおいては「やや周辺」の人間であり、その偏りはあるだろう。この点を了解いただければと思う。

穏やかなかかわりの中で育てていく困難

児童養護施設における子育ては、場のサイズ、生活の構成員の数、構成員同士の関係性や成り立ち、サイクルなど、現代日本の子育て形態の標準型からすれば、いろいろな点で特殊であることは否めない。この特殊性の中で構造的に生じる困難がある。多人数を相手にした子育てに「途中参加」することに伴う、「一人ひとり育ってきた環境や性格が違う子どもと新たに出会い、そのたびに新たなかかわりをしていかなければならない大変さ」である（原田、二〇〇七）。

とりわけ、昨今では虐待を受けた子どもとのかかわりが大きな困難として取り上げられている。いわゆる「被虐待児の心理・行動特徴」として知られるもので、愛着関係の作りにくさ、衝動性・暴力性の高さ、キレやすさ、虚言・ごまかし、盗み、挑発的言動、支配的対人関係……等々、関係者はその気になれば優に一ダースを超える「特徴」をすぐに挙げることができるだろう。

誤解のないよう断っておくが、「被虐待児の心理・行動特徴」として挙げられる事柄は多領域、多項目にわたるとしても、それは網羅的に列挙したということであって、一人ひとりの「被虐待児」は、それらすべてを一身に具現している「モンスター」ではない。美質も愛すべき点もある。さりとて育てやすく、一緒に暮らしやすいかと言えば、やはりそうは言えないことも多い。

ケアはなかなかうまく実を結ばない。言葉やこころが通じる感じをなかなかもてないし、「問題行動」も消褪したかと思うとあれこれ形を変えて出現する。出会って間もなくの子は言うに及ばず、わりと小さいころから長らく一緒に暮らし、手間も労力も注いできたはずの子でもそうしたことがあり、気落ちしてしまう。そういうことが同時に、繰り返し起こる。

体制として何が必要か

この困難は、胎生期、乳幼児期からのこまごまとした手間や愛情の中で培われる種々の力や振る舞い方、たとえば、世界や人間を信頼する力、自分を信頼する力、その支えの中で自分の感情や欲求を調整する力、そして、これらを前提にして身につく生活習慣・マナー等々が十分育っていないことと無縁ではないだろう。すなわち、「一般家庭」で平均的に期待されるケアを基準とすると、それが十分には得られなかったことが大きな要因となって困難は生じてくると考えられる。

ではその困難は、その形成の筋道をひっくりかえし、「一般家庭」に近い環境を与え、やり直そうとすれば解消されるか。残念ながら事はそう単純ではない。逆説的だが、「家庭的なもの」の経験が乏しく、そうした経験の中で身につく力が必要な子ほど、「そうは問屋が卸さない」のである。「家庭的環境」は「少数の密な関係」であるがゆえに、養育者・子ども双方に逃げ場がなく、挑発行動や激しい怒りの発露など、過去に培った根深い否定的対人関係の再現が濃厚になされやすくなるからである。

「養育者と密接な関係を結ぶ」以前に、あまり密接でない距離感の中で、「同じ場をなんとなく共有できること」くらいがまず目標になる子もいるし、すべきことや制限が明確な「施設っぽい」場のほうが混乱が少なく、落ち着くという段階にある子もいる。

そうであるからと言って、私は「家庭的養育」の意義を否定したいのではない。現在の社会的養護の大局的動向である、「小規模化」「家庭的養育への移行」は大勢としては正しいと思う。もし私が事故や死など、なんらかの事情で自分の子どもを社会的養護の手に委ねざるをえないとしたら、できれば小人数の落ち着いた環境の中で、一人ひとりを大切に育んでくれるだろうところへと願う。けれどもそれは、基本的に選択したい子育ての形ということであって、その形態がありさえすれば、即、望ましい養育が約束されると考えてのことではない。

私が述べたいのは「家庭的養育」は、無条件に「是」なのではない、危険も内に孕んでいるのだ、ということである。実際、「被虐待児」の原家族の養育は、形態・規模だけで言えば「家庭的養育」に他ならない。「虐待の生じてしまう家庭」だけではない。ごく普通の「一般家庭」も、「近い関係」が保護的に働く場合だけではなく、破壊的に働く危険性を本質的に内在させているのではないだろうか。あなたの家庭にはそんなことはないのだろうか？

先述した「否定的対人関係の再現」は、彼らの回復と成長のためにおよそ避けて通れない道ではある。だが、重要なのは、養育者側の応分の能力に加え、それをとりまく適切で手厚い経済的・人的・精神的なサポート体制があるかどうかである。これが「家庭的養育」が「是」となるための条件である。それがない場合、「家庭的環境」はその激しさと繰り返しに耐えられず壊れてしまうことも少なくない。欧米の里親の「たらいまわし」（フォスターケア・ドリフト）の問題をよくよく考えるべきであろう。

「児童養護施設における子育て」において必要なことは、「家庭的養育」形態の実現やその中での関係形成を基本的には目指しながらも、しかしそれを至上命題とするのではなく、子どもの状態に即した環境を適宜選び、中核となる養育関係を幾重にも囲む手厚いサポート体制を並行して築くことであると言えよう。これは、子育てを一身に丸抱えすることを余儀なくされている現代日本の「一般家庭」にも言えることだと思う。

内面に根づく困難――「自分が引き受けること」を妨げる物語

「児童養護施設における子育て」には、いま述べた困難とは少し別に、特有な根深い困難があると思う。それは、今の現実を自分のものとして引き受けることを妨げる、子どものみならず養育する大人もはまりやすい窪地のようなものである。

先述のように、入所児のケアはしばしばうまくいかない。当然、子どもたちのほうも不全感や不満は山ほどあるだろう。うまくいかない現状に対し、人はその原因や説明を何かに求めずにいられない。

よく言われるように、子どもたちの中には不具合を「自分のせい」ととらえがちな子も確かにいる。だが、むしろ私がよく出会うのは、不満足な「今」の理由を過去や他者に求め、責める傾向である。子どもだけでなく、私を含め、職員もしばしばそうなる。

施設入所に至るような子どもたちの場合、そういった「今」を説明づける過去には事欠かない。「乳幼児期、ああいう境遇の中で育ったから」「ああいう親に、こういう虐待をされたから」「こういう施設で無理解な職員に囲まれていたから」……「だから、こういう力が育っていない」「だから、こういうパターンを身につけてしまっている」「だから、うまくいかない」と。

もちろん、彼らの「今」にこうした過去が何ら影を落としていないというのは非現実的である。誰のどんな人生も過去があって今がある。どのような状況の中で、どのような人に囲まれ、どんな心情を抱きながら生きてきたのか。そうした歴史を丁寧に追うことなしには、その子への深い理解も適切な援助もありえない。本人にとっての過去の重さは他人が勝手に割り引くことなどできない領域のものであり、決してないがしろにされるべきことではない。

しかし、「過去を大事にする」ことと、「過去で意味づける」こととは違う。現状に対する解釈の幅を広げるか狭めるかが違う。「過去を大事にする」とは、本人の経験を多様な想像力をめぐらせながらこまやかに追体験し、その諸側面を丁寧に吟味しようとする姿勢である。種々の学説や理論も、その想像力の多様性を支えるものとして意味をもつ。

だが、「過去で意味づける」ほうは、「今こうある理由」を一つの強い観点（多くは不満足な過去や傷や被害の観点）から固定し、他に解釈の余地がないものにしてしまいがちである。親のせい、過去のせい、施設のせい、職員のせい、○○のせい……なるほど一定の筋は通っているが、いかにも単純な直線的因果律のストーリーで過去のもつ意味合いが固まってしまう。

たしかに、こういうストーリーを必要とする段階もあるだろう。だが、ここで固まった時、人は活き活きと生きていけるものだろうか。本当に力強い次の一歩を踏み出せるのだろうか。しかし時に、「話のわかる」大人や心理学的な理論が、この被害のストーリーの形成・維持に加担することがある。

一般に、人生は、はじめは受動的に与えられたものとしてスタートする。施設と対置される時の「一般家庭」はどこか理想的なものとして語られるけれども、どの家庭も多くの問題や苦労や修羅場を抱えているのが現実であろう。

しかし、その中で現状を「何かのせい」にしきらず、自分のものとして引き受けていくのが「一般的」な育ちの姿だと思う。だが、施設にいる子どもたちは（また時に大人たちも）、なまじ「今」を理由づけるリーズナブルな物語があるゆえに、この主体的・能動的な「引き受け」がしにくくなるきらいがあると私は感じている。その時の子どもは、何かいつも不全感や不満を漂わせ、しかし、よりよい状態を目指すことにはどこか投げやりである。この姿勢は変わりにくい。

これが「児童養護施設における子育て」のより根深い困難だと、私は思っている。

大人には何が必要か

もっとも、この困難は、現代をとりまく全般的な風潮が土壌となっているのかもしれない。ゆえに児童養護施設のような場においてとくに感じられるものだが、子育て一般も同様の困難を抱えているかもしれない。その風潮とは、成田（二〇〇一）や滝川（二〇〇二）が指摘するように、何か不全や不幸な事態が生じた時、それを自分の外からもたらされた不当な「被害」としてとらえる心性のことである。「アダルト・チルドレン」や「トラウマ」概念は、こうした空気を下敷きにして急速に流布し、また、その風潮を強化したとも言えるであろう。

そうした風潮があるとして、では、その中で子育てをする大人には何が必要だろうか。私は子どもに対し、「人のせいにするな、自分で背負え」とむげに言うつもりはない。いや、言いたい気持ちは一部にあるし、言う役回りの人もいなくてはならないだろうと思う。

だが、おそらくそれだけでは無効だとも思う。「引き受けられない」のはそれなりの理由があると思われるからである。その理由はさまざまあろうが、精神発達論上の理屈から言えば、「○○のせいにする」という受動性の位相に留まり、「みずからが引き受ける」という能動性の比率を高めることができないのは、安心して身を委ねた受動的な経験が本当は乏しく、自分の力で人生を動かしていくことができるという自律性の感覚が根づいていないためと考えられる。ここには深い無力感が垣間見える。

こうした子どもたちの困難に対する大人に必要なことは——自分の努力目標として思うのだが——まず、当の大人自身が自分の「今」を引き受け、静かに「肯定」していることだと思う。これは、大人が子どもの声を聴かず開き直っていればよいとか、努力を放棄し無批判に現状に追従していればよいということではない。開き直りや現状追従は、幼児的な万能感や「どうせ現実は変わらない」と高をくくる姿勢に由来していよう。そこにはともに、子ども同様の無力感や不安が見え隠れする。

ここで言う「肯定」は、ひそやかな矜持である。現在の諸条件・諸状況の中で、そこには思うに任せぬ不備や不満、理想とは隔たった理不尽さがあるとしても、それらを踏まえながらなお、今の自分の身の丈にできることを尽くしているという自負である。養育が思いどおりになどいかなくても、また、忸怩たる思いはそこに絡まるとしても、こうした自負を大人はもっともってよいのではないだろうか。

そのほうが、「子どもの声」を簡明な筋にまとめたりせず、複雑なニュアンスをもつ細部を落ち着いて丁寧に聴けるように思うし、子どもとしても、そのような「振り回されない大人」といるほうが、

「今」を成り立たせている諸要因を多面的に見る可能性に拓かれると思う。このことについて、経験則や個人的体験以上のエビデンスを示せと言われると少々困る。だが、少なくとも、いつも不満顔だったり、「子どもの声」に迎合的に同調することで、みずからの無力感や罪悪感や不安を欺瞞的に糊塗したりする大人よりはよいのではないかと思う。

〔参考・引用文献〕
原田洋子「子どもの心の話を聴いていたい」『児童養護』三八巻、一四―一六頁、二〇〇七年
成田善弘「若者の精神病理―ここ二〇年の特徴と変化」なだいなだ編『〈こころ〉の定点観測』三―一八頁、岩波新書、二〇〇一年
滝川一廣「こころに掛かっていること」なだいなだ編『〈こころ〉の定点観測』一七七―一八九頁、二〇〇一年

8

能動と受動、加害と被害——「傷」や「過去」と向き合う時に

はじめに

児童養護施設は、何らかの事情により家庭で暮らせなくなった子どもが生活するところである。「何らかの事情」にはいろいろあるが、親の経済的破綻、失踪、服役、精神疾患、あるいはこれらの複合など、子どもにとって嬉しい事情はないと言ってよい。昨今は児童虐待問題がかまびすしく、もっぱら「被虐待児の受け入れ先」として認知度が高まっているように思う。実際、統計上は「虐待」を理由とした入所が増えている。だいたいどの施設でも入所児の三割~半数ほどが「被虐待児」と言われている。「虐待」の基準によって統計値は変動するが、多く見積もっていることはたぶんない。

……と、このように書き出したものの、私がここで述べたいのは彼らの過酷な境遇やいわゆる「こころの傷」ではない。むろん、それは軽視してよいものではないし、軽視しているつもりもない。こ

れでも私は一応心理職である。ただ、それとは少し別に、彼らとかかわる中で気にかかってきたことがあった。それをここでは述べたいと思う。まず、私の職場のいくつかの場面を描くことから始めよう。そのほうが書きたい内容が明らかになると思う。

いくつかの場面から

情景①

幼児、小学生数名で公園へ行った帰り、男の幼児と小二男子がぶつかり、幼児が泣いた。なかなか泣きやまない。おんぶをせがんできたので私がおんぶをし、しばらく歩いた。しかし泣きやまない。すると誰からか、「ずるいよ、泣いてれば抱っこしてもらえると思って。おりろよ！」と言い出し、周りを歩いていた女児らも「そうだそうだ」「おりろよ！」と口々に同調して怒鳴り、まさに私から幼児を〝引き摺りおろし〟始めた。「うちは生まれて一年、お母さんに会えなかったんだぞ！」「うちだって、お母さんどっか行っちゃったんだぞ！」「俺も、三人きょうだいだけどばらばらになってるんだぞ！」

このうちの小一女子は、とくにひどく挑発的な顔をして幼児を攻撃していた。この子は、二人きょうだいの中で自分だけが施設に預けられた過去をことあるごとに持ちだし（その時点では二人とも入所していたのだが）、そこに負い目をもつ父親（一人親）を責め、物を買わせるなど、要求を通すことがたびたびであった。

情景②

これはある職員（子どもと起居をともにする職員）から聞いた話である。

ある日の夕食後、小五の女子が小二男子を押さえつけて蹴った。その瞬間を、その担当職員（二〇代女性）が目撃した。あまりのやり方に瞬間的にカッとなって駆け寄り、二、三問答したが、女子はやめようとしない。担当職員はさらにカッときて押さえつけた。そこから一気にこの職員と女子の戦いの構図になり、女子は「失せろ！　触るな、穢れる！　親でもねえのに口出しするな！」など散々罵声を浴びせ、その場は決裂した。

その後、別の職員（二〇代男性）が二時間ほどかけ、女子の話を聴いた。「押さえつけられた時、あんなふうに父親にやられたのを思い出した」のだという。男性職員は、なるほどそれでああなったのかとはじめは聴いていた。だが、「過去された嫌なこと」を言い続ける姿を見ているうちに、どうも嫌な、腹立たしい思いがしだしたという。あえて言葉にするならば、「こいつ、いつまで過去を使うんだ？」というようなものだったという。この女子は、普段から「〇〇された」「自分はこんな嫌な思いをした」とあちこちで言い募ることが多く、言ったからといってちっとも幸福そうな顔にはならない様子である。

情景③

一八歳で就職し、一人暮らしするもうまくいかず、「出戻り」をしてしばらく居候していた二〇歳の男性が、住み込み就職を試みたが一週間で早々に戻ってきた。引っ越し荷物を運びながら、ポーターのおじさんに、いかに自分がその場で不当な扱いを受けたか、いかに自分がツイてないことの連続で惨めであるかをへつらうような笑いを交えてまくしたてていた。おじさんは、個人的な事情を言いまくられて、何割か迷惑顔であったが、「君も大変だったね。まあ、若いうちはいろいろあるわな」と言い、青年はそれを聞くに至りようやく安心したような、しかし虚しさも漂わせたような冷笑的表情を浮かべていた。この青年によれば、何かうまくいかないことがあると、母親がある日突然失踪したことをはじめ、「ショックな出来事」が「フラッシュバックし」、「ああダメだと思ってしまう」のだという。

本章の主題

これらの言動が何であったかについては、いろいろな理解の仕方、解釈の可能性があるだろう。ただ、私には彼らが等しく「自分は被害者だ」という感覚の中を生きているように思われてならなかった。それはややもすると「被害者的立場に居直っている」「被害者的加害者」と呼びたくなる姿であった。みずからの「傷」を楯にとって相手を責めたり、生じた不都合を「被害」のせいにしたり、といった姿である。正直言って、見ていて気持ちのいいものではなかった。もっと言えば不快であった。けれども私はその不快を自分の中で扱いかねていた。「彼らはたしかに、私の経験と想像を超える体験をしてきている。自分のこの見方、感じ方は彼らとすれば〝わかってない〟ゆえの不当なものなのではないだろうか?」しかし、結局はそこを出発点にするしかなかった私は、内心の不快としばらく付き合わざるをえなかった。

以下、本章で述べることは、その不快に対して私が自分なりに探した一つの落ち着きどころである。みずからの境遇や傷を「おおいに主張する」ようにさえ見える姿は、もちろん、入所しているすべての子どもにいつもみられるのではない。また、彼らに限られるのでもない。どんな子どもも、あるいは大人でも、程度の差はあれもっている「生に対するある構え」のようなものがあって、それが何かの拍子に顔をのぞかせるのではないかと思う。それがどのようなものか、それに対して私はどのような姿勢をとりたいと思っているか。私がここで述べたいのは、そのようなことである。

「傷をわかろうとすること」の陥穽

臨床心理学にかかわる勉強をしている中で、私は「子どもの傷への無理解がいかに子どもを苦しめていたか。誰も理解してくれなかったその大変さを理解したことが、その子にとっていかに救いになったか」という論旨や事例のストーリーにたくさん出会ってきた気がする。「一見○○のように見える振る舞いも、実は……」というストーリー。「一見、怠けのように見える不登校も、実は、その子にとっては必死の自己主張だった」「一見、大人の神経を逆撫でしてばかりいるあの子の言動も、実は、過去の虐待の影響であり、それしかかかわりを作るすべをもっていない苦しさを背負っている」など。私は、そのような理解に異を唱えるつもりは毛頭ない。自分を省みても、適切な援助ができていなかった時の大半は、やはり「実は……」以下の部分に理解が及んでいないゆえであり、事態の打開はその理解の深化としばしば無縁ではなかったからである。

しかし、やたらと「傷」に敏感になり、条件づけられたかのように「痛手」や「大変さ」を〝見つけてわかろうとする〟志向性ばかりをもつと、何か間違ったところへ入り込んでしまう気もしている。かたや自分の遭遇してきた出来事をどう位置づけてよいのかこころに収めかねている子ども、かたや問題の背景に「過去の傷」「被害」ありと睨む（「見立てる」）援助者。ここには強固な仮説（容疑）のもとに虚偽の自白を協同して作り上げてしまう取調官と被疑者（浜田、二〇〇一）に似た構図が形成されまいか。できあがるのは「被害者としての自分」というストーリーである。

「いや、虚偽などではない。児童養護施設にやってくる子どもはたしかに傷を受け、被害を受けた子たちである」との反論も即座になされるだろう。実際、先に挙げた場面に登場する子どもの数人は、まごうかたなき「身体的虐待」を受けた経験をもつ。もちろん大変な思いをしたし、今もしている。だが、問題は外傷体験の有無や真偽だけではない。外傷体験が虚偽であろうとなかろうと、「被害者としてのストーリー」が人生観の奥深いところで固定化してしまうと、狭義の外傷性障害とは異なる性質の「大変さ」がその人の中に巣食ってしまいはしないかと思うのである。であればこそ、「痛手」や「傷」をもつ他者に対して安易な「慮り」の姿勢を贈ることには慎重でありたいと思うのである。

「免責」の意味と岐路

狭義の外傷性障害の「大変さ」は、過去を自分の人生の中にうまく組み込めず、想起すること自体が再度の外傷体験となってしまう性質のものである。しかし、「被害者としてのストーリー」が固定化した場合の「大変さ」はこれとは性質を異にする。それはむしろ、人生の中に組み込まれすぎている「大変さ」である。

傍目にはひどい虐待を受けながらも、なぜか子どもは「こうなったのは自分のせいだ」と思いがちであることを考えれば、「こうなったのはあなたのせいではない」というメッセージは、その子にとっての新鮮な免責になるかもしれない。だが、ここに岐路があると思う。その免責が「強いられたあんな状況の中でさえなんとか生き抜き、頑張ってきた自分」という自己肯定感につながるならば、自分の人生をみずからの手で変えていこうという力になるかもしれない。それは、「あんな中で生き抜いてきた自分には、これからも生きていく力がある」という希望や効力感になりうるからである。しかし、その免責が「△△のせいでダメな条件を与えられ、ダメにされてしまった自分」という、自己否定感につながってしまうなら、活き活きと生きるのはいっそう難しくなるだろう。それは、「ダメな自分には人生を変えてゆける力などない」という諦念や無力感を伴うからである。私が感じた、みずからの境遇や傷を「おおいに主張する」かに見える子どもが抱えるであろう「大変さ」とはこのようなものである。素描した子たちは、このような後者の認識に立っている（立ちつつある）気がした。

先に私は「被害者的立場に居直っている」「被害者的加害者」とでも呼びたくなる、という表現を使ったが、以上のように考えてみると、それは自分の力で人生を動かしていくこと（自律性）への無力感や、そのような「受動的（他律的）な位相」の中で周囲を動かそうとする、「辛うじて採りうる主体性（自律性）」（滝川、一九九四）の発露なのかもしれない。自己破壊ほど切迫した形を採っていないのがまだしも救いと言えようか……？

「被害者意識」に向き合うと

だが、先の子どもたちにそのような「大変さ」があるにしても、現実にそのような子どもを目の前にすると、なかなかその「大変さ」を汲んだうえでの気持ちになることはできないものである。経歴を知り、「大変だったんだろうな」と思いはするが、「かわいそうだという同情は求めるけれど、変わるための助けは求めない」（信田、一九九九）ような姿勢に、嫌悪感や疑い、叱咤したくなる気持ちが次第に強くなる。

してもらったことがまるでこころに響いていないかのように不幸や文句を言う姿に触れるにつけ、その子のためにこころを砕いて動いている（いた）大人たちを思い、徒労感や腹立ちとともに、一言言いたくなったりもする。しかし、それをそのまま言っても「自分の大変さはこの人にはわからない」というお定まりの回路に吸収されそうな気がして、それは差し控えてしまう。そのあたりの基本姿勢は変わりそうに思えないので、こちらまで無力な気分になってくる。これは、彼ら自身の無力感、人生を動かしていけるという感触の乏しさの写し絵なのかもしれない。かといって、「大変だったね」などという言葉や態度を表すのも自分の気持ちに照らして嘘がある。相手の思う壺というか、なにやら「言わされた」気がするのである。それは癪でもある。要するに、自然に流れ出るような同情的心情が動いてこない。ふと、自分が冷たい、共感性に欠ける人間なのではないかという思いがよぎるが、いや、しかし……とも思う。結果として、自分の中でしっくりするスタンスを見出せないまま複雑な思いをして寡黙になってしまう。――以上のような思いは私のものであるが、過去の記録を読んだり人と話したりしていると、他の人との共通項もずいぶんあるように思う。

「被害者意識」に対する私の指針

いつまでも寡黙になっているわけにもいかない。どんなスタンスでいればよいのだろうか？　それはもちろん、過去の主観的な重さ、過去を担いうる本人の準備状態、周囲の状況（どんな場所に、どんな人が本人の周りにいるか、また本人との相性はどうか）などで個々に違うだろう。ただ、原理的に言えば、環境に対する受動的な様態が、能動的な働きかけを行いうるように変化していくプロセスは、乳児の啼泣が未分化な生理的不快に受動的に襲われたものであることから、大人の試行錯誤の世話を通して分化した感覚が育つ中で、自分の不快を快へ変える能動的な営みへと変化していくプロセスになぞらえることができるのではないかと思う。たとえば、「ムカつく」「××された」としか表現されないその訴えを、個々の具体的な場面のたびごとに、どんな「ムカつき」なのか、もう少しぴったりくる言葉はあるか、などとあれこれ推測しながら分化した表現を一緒に探す、できることはしてあげるし、できないことはできないが気持ちを汲む、など。そのためには、相手の言葉は大事にしながらも、しかし、相手の言葉を鵜呑みにすることはやめねばならない。「この人にならわかる」と思われたい欲望や、「やっぱりこの大人にもわかってもらえない」と失望される恐れを大人は脇に置く必要がある。

「被害者としてのストーリー」は、その場のやりとりの中から生まれたという感触が希薄で、話される前からすでに堅固な城のように完成されていると感じられることが多い。それは、否定的自己像や理不尽な体験をなんとか有利に位置づけようとして、自己説得的にそのストーリーを作り上げてきたであろう、長年のもがきの反映なのかもしれない。印象としては、そこに籠城しているようでもあり、そこに固縛されているようでもある。なので、援助者としてのかかわりのイメージは、本人に受け入れられる範囲での、ストーリーの改築作業ということになると思う。

私としては、先に述べたような、こちら側に生じる複雑な思いを複雑なままに抱えながら、なるべく断罪的な叱咤も安易な同情もすることなく、自分の中で違和を感じる点を探り、それを共有し、少し別の観点はないものか一緒に探すようなことを、根気よく繰り返し、繰り返しと心がけてはいるけれども、役割や持ち味によっては、時にガツンと一喝する、という人がいてもよいと思う。そのように、大人はそれぞれの立場と持ち味でかかわり、子どもはいろいろな人と出会ってあれやこれやのやりとりをしつつ、日々を積み重ねていく、というのが私の援助のイメージである。

ストーリーが書き換えられる時

被害的な思いばかりを抱いていた子がどんなふうにそうでなくなっていくのかについて、ある五〇代半ばの職員は、「あの子もそうねえ、ある時から……高校くらいかな……気がついたらいつの間に、なんかふっと抜けている気がした」と言い、ある卒業生は「高二のころかな、ふっと、なんかバカなことやってるな、と思ってさ」と言っていた。その「ふっと」がいかにして可能になったのか、私は経験が浅いこともあり、自分と子どもとのかかわりの体験事実からその機序を帰納させることはまだできない。劇的な瞬間なのか、いつの間にかなのか、両方ありそうな気がするが、それも定かではない。

ただ、先の体験談を聞いていると、過去に対するまなざしが変化する時というのは、その瞬間が、穏やかで護られた雰囲気に包まれているような気はする。過去に対する整理がついて現在が肯定的に思える、というのも一面の真理だろうが、順序としては、肯定的に体験される「今」があって過去に対する視線の変化が可能になるのではないかと思う。記憶の想起は「今」為される活動である以上、膨大な過去の中から何が想起されるかは、「今」自分をとりまいている気分や雰囲気に引きずられるからである。個体の生成論から言えば「過去が現在を規定する」のかもしれないが、想起内容とそれへの対峙の仕方については「現在が過去を規定する」のである。よく、子どもが自分のかつていた家や施設について、「いかにひどい扱いを受けたことか」と否定的に語ることがある。「今まで言えなかったことが安全な場（此処）に来てようやく言えるようになったのだろう」というめでたい理解も一方にあってよいが、もう一方では、それを語っている瞬間の彼らをとりまいている気分に思いを馳せてみる必要があるのではないかと思う。肯定的な気分に満ちている時に過去の被害を述べ立てる人はたぶんいない。語られているネガティブな内容と同質の「ひどさ」のかすかな徴候や痕跡をその場に感じ取り、不安になったり釘を刺したりしているのかもしれない。

常にすべてを当てこすり的に考えなくてもよいのだろう。だが、過去のひどさが重ねて訴えられる際に、そういう可能性も頭の片隅に浮かべておくことは、「かわいそうに、なんとひどい体験をしたのだ」と義憤に駆られて子どもと一緒に過去を憎むだけよりは害がないと思う。少なくとも「被害者意識」作りに加担しないし、苦い過去を言わざるをえないこと自体の、「今」のつらさに目が届くからである。

おわりに

肯定的な「今」に関与するものは何だろうか。「かたわらにいてくれる存在」(滝川、一九九四)、「ちょっとした出来事、何気ない日々の積み重ねと時間」(ベッテルハイム、一九五五)としか言いようがないかもしれない。その中で、変化はやがて訪れるかもしれないし、ずっと訪れないかもしれない。こう言うと、「変わる奴は変わるし、変わらない奴は変わらない」ということになってしまうのだが、それは私を含め誰だってそうなのだろうから仕方がないようにも思う。援助者として、大人として、もっと変化を促す努力をせよと言われるかもしれない。だが、為しうるベストを尽くしたうえでなお、変化を操作できないと覚悟することは、人とかかわる際の〝わきまえ〟だと思う。これは投げやりな諦念や責任放棄の偽装として使われがちな台詞だし、たしかに紙一重ではあるけれども、必要だと思う。そう踏まえたうえで、「本人が苦しむ」ことを援助する、少なくとも肩代わりしない、奪わない、邪魔しないという姿勢を保つことが、援助者、あるいは大人の為しうる大切な努力ではないかと私は考えている。「かたわらにいてくれる存在」「ちょっとした出来事、何気ない日々の積み重ねと時間」は、そのような粘りある姿勢に裏打ちされて初めて実りうるのだと思う。

〔参考・引用文献〕

Bettelheim, B.: *Truants from life: the rehabilitation of emotionally disturbed children.* Free Press, 1955（ベッテルハイム著、中野善達編訳『情緒的な死と再生―情緒障害児のリハビリテーション』福村出版、一九八九年）

浜田寿美男『自白の心理学』岩波新書、二〇〇一年

信田さよ子「フェアな関係がカギだと思う」『季刊Ｂｅ！』五六巻（特集：「自己れんびん」というもう一つの酔い）、二一四―二一七頁、一九九九年

滝川一廣『家庭のなかの子ども学校のなかの子ども』岩波書店、一九九四年

9

「言葉が入らない」ことと問題行動

はじめに

私に与えられたテーマは、最近の少年の「問題行動や触法行為」（以下、問題行動）について児童養護施設という現場の報告をすることである。私は「問題行動」の専門家というわけでは全然ないが、日々雑多な「問題」に接しているとは言える。その中に「問題行動」も含まれることは確かであり、それについて頭を悩ませることも多い。

本稿の主旨は現場報告ということなので、まず、私の職場における日常の「問題」群の概況を描こう。次に、その中の「問題行動」に接する際にしばしば得られる感触を手がかりに、その背景の一部について考えたことを述べる。最後に、それが「子どもをめぐる問題」の中でどのように位置づけられるかを考えてみたい。

児童養護施設の「問題」群

児童養護施設は、いつも「問題」であふれている。児童養護施設に限らず、現場とはどこでもそういうものなのだろうが、そこで働いている者としては、「問題」によって毎日が構成されていると言いたくなるほどである。「問題」は、情緒面、行動面、身体や知的発達の側面など多岐にわたっており、それが子どもを違えて、あるいは一人の子どもの中で、相互に絡まり合いながら日々繰り返される。もっとも、多くの場合、「問題」の一つひとつ、あるいは一人ひとりの「問題」の程度は驚愕するほどではない。情緒的混乱や偏り、精神科的症状などの「問題」は、児童思春期の精神科病棟にいる子たちからすれば「まだまだ」なのかもしれないし、非行や触法行為などの反社会的行動の「問題」は、少年院や少年鑑別所に行く子たちに比べれば「カワイイもの」と映るかもしれない。知的に境界域（ＩＱ七一～八四）の子が多く、発達の遅れや低学力などの「問題」も指摘され続けているが、それとて養護学校（特別支援学校）や重度の施設にいる子を知る人から見たら、「たいしたことない」と言える範囲であろう。だが、時にそれらに類する程度まで踏み込む子もいる。おそらく、その発生頻度は一般家庭の子女より多いだろう。

要するに、児童養護施設において生じる「問題」は、頻回かつ多彩で、その程度は幅広いが、〝やや重め〟に偏って生じると言える。参考までに、ここ一週間ばかりの間に起こった目ぼしい「問題」を思い浮かぶまま簡単に列挙してみよう。平均的な一週間より若干多めだったかもしれないが、まあ普通の一週間と言えるかと思う。

・小学生男子について、学校から「乱暴で他児が怯えてしまって困る」と連絡が入った。
・小学生男子が、もはや学力的に普通学級では無理と言われた。
・小学生男子が夕食で気に入らないことがあり、三〇分以上パニックのように泣いた。
・小学生男子が、ここ数日、またダンゴムシのように丸まって寝るようになってしまった。
・中学生男子が学校で友人に暴力をふるい、友人は救急車で運ばれた。
・中学生男子が年上の女子の下着を盗み、自分の身につけていた。
・高校生女子が学校をやめたい、夜のバイトならたくさん稼げると言い出した。
・高校生女子が両親を伴い、どうしても学校が嫌だ、やめたいと言い出した。
・高校生女子がここしばらく学校に行っていないことが判明した。
・無断外泊を繰り返していた高校生男子がまたいなくなった。

……など。

以上は、幼児から高校生までの、総勢一学級ぶんほどの入所児童数においてこのくらい、という話である。「なんだ、たいしたことないじゃないか」と思う人もいるだろうし、「ええっ、こういったことがそんなにあるの」と感じる人もいるかもしれないが、いずれにせよ、児童養護施設において、本稿でテーマとなっている「問題行動」は、このような「問題」群の風景の一つとして生じる。

「問題行動」の一つの形

そのようにして生じる「問題行動」は、授業中の落ち着きのなさや怠学、喫煙や万引き、定期代や交通費の使い込み、バイクやケータイをめぐる金銭トラブルなど、やはり一つひとつはありふれているけれども、種々たび重なればかなりの数になる。ひとたび「問題行動」が起きれば、当然、職員はあれこれと事後処理に動きだすので、事の内容や程度はおおいに気になるところである。だが、児童養護施設の職員にとって、そういった顕現化した事柄そのものは、本当の「問題」ではない。もちろん職員は、多種多様、大小さまざまな「問題」の繰り返しや蓄積に疲弊し、苦労する。しかし、それ以上に、もっと疲弊し苦労することがある。それは、生じた事柄をめぐる子どもとのやりとりであり、その際のある感触である。むろん、すべての子どもというわけではない。だが、職員は稀ならず、これに「やられて」しまう。

ここではその感触について考えることを通して、彼らの「問題行動」の背景についても思いを致してみたい。そのためのよすがとして、まず事例の断片を二つほど挙げよう。

事例の断片①

ある小学生は、これまで数度にわたり、同じ居住空間内の他児の金銭を盗んでいたが、ある時、友人を伴い職員の財布から数千円を盗ったのが発覚した。これまでも、妙にウキウキと買い食いしているのを契機に多額の金銭を持っていることを追及されると、顔色一つ変えずにさらりと嘘をつき、しかし二転三転する嘘が行き詰まってくるや断固として否認し、さらにいよいよ嘘がつき通せないと観念するにいたってようやく大泣きする、ということが何度かあった。「それなのに……」。職員はやれやれといった様子である。たしかに、それまでの数度は、そんなふうに大泣きしたあとは、ケロッとしてまるで何事もなかったかのように生活していたという。「盗癖と言うと、愛情不足とか大人の関心をひきたいのでは、みたいな見方をすぐされるから、あんまり人に言う気にならないんだよね。まるで私たちが愛情をかけてないみたいじゃない？」今回の件に関して、〝共犯〟の子は、「フツーに、盗ろうぜって言われた」と言う。「今度の泣き方は少し今までと違ったから、ちょっとは違うのでは……」と職員は言ってはいるが、期待はあえてしないとこころに決めているようにも見える。

事例の断片②

ある高校生は、数度の無断外泊をしている間、さまざまな嘘を駆使し、あらゆる友人・知人を通して作った「借金」が相当な額に上った。一〇〇万を下らない額である。他児や大人の金銭も盗まれた。「今日はどこに出かける」「何時までには帰る」……どのように生活を組み立てていくかについて取り交わされた約束は、水に溶けて流れるようにあっさりと反故にされた。警察その他の関係機関と連絡がとられ、児童福祉法でなく、少年法による対応も視野に入れる必要が考えられた。この高校生は人当たりがよく、上目遣いがちに小刻みに頷き、自分のしたことはまずいことであると「わかってい る」と言う。考え方がいろいろ安易だったということも「わかってる」し、働いて少しずつお金を返さねばならないことも「わかってる」。しかし、どのくらいの期間をかけて返していくのか尋ねると、

「えっと、一年半くらい、ですかね？」と言い、月々どのくらいの額を稼ぎ、どのくらいの額を返すつもりかも、「いや、どういう仕事かやってみないと……」と言う。「ああ、でも、バイトは週二日くらいにしたいんですよね。他の日は運動したいから」と恬として恥じることなく言う。

「問題行動」にまつわる〝ある感触〟

この時、子どもとのやりとりで得られるある感触は、しばしば「言葉が通じない・入らない・届かない」「まるで何事もなかったかのよう」などの言葉として表現される。「ある感触」と言ったが、実のところこれは「感触（手応え）がない」のである。職員にとっては、これが本当の「問題」となる。この「問題」を一言でまとめるなら、「問題意識を共有できない、という問題」とでもなろうか。時間を割き、労力を割き、感情を投入し、その結果、一見わかったような反応は見せるものの、次の瞬間「何事もなかったかのよう」に動いている。職員が徒労感を覚え、参ってしまうのは、このような「通じた感覚をもてない」「何も残らない感じがする」点にあると言える。

彼らが他人の物を盗むと、当然周りの大人は、「なぜ盗むのだろう」と悩む。また、まことしやかではあるが、あとでバレるに決まっているような嘘を聞くにつけ、「なぜそんな嘘を」といぶかしむ。だが、人の物を盗るということに対する当人たちの態度を見ていると、そこには〝重み〟が伴っていない感じがする。また、嘘や約束も、概して時間を見越した計算などなく、「その場さえどうにかなればよい」といった性質のもので、やはり〝重み〟を感じない。このあっさり感は何なのだろう？

そこで大人はまた悩むことになる。

これについては、逆に、「日ごろ私たちは、なぜ他人の物を盗ることが（感覚的に）できないのだろう」、あるいは「あとでちょっと確かめればバレるような嘘を知り合いに対してつけないのはどうしてだろう」と考えてみると、答えの糸口が見つかるかもしれない。さらに、「私たちであっても、他人の物を無断で持ってきてしまったり、その場限りの嘘をついたりするのはどのような時か」と重ねて考えると、よりはっきりしてくるかもしれない。

もちろんこれは、先に述べたような「手応えのなさ」が手がかりになりそうな場合に限っての話であって、すべての嘘やすべての盗みにあてはまるわけではなく、ましてやすべての「問題行動」を説明するものでもない。が、思うに、そこには「物が人の存在や感情とつながっている感覚」「自分の行為や言葉が、時間を超えて人とのつながりの中で力をもっているという感覚」が関与しているのではなかろうか。この時の「人とのつながり」の感覚が強ければ強いほど、人は盗めず嘘をつけず約束も破れないだろう。その感覚がごく薄いか、あっても取るに足らない場合、人は盗めるし嘘も言い、約束も破れてしまうのだろうと思う（道端の五〇円を失敬してしまうとか、飲み屋で乱入してきたゆきずりの他の客相手に適当に調子を合わせるとか）。前記の二人は、どちらも人当たりがよく、気遣いや優しさもあり、一緒にいて嫌な感じがする子では決してない。むしろ、どちらかと言うと人に好かれるタイプである。だが、その場その場で大過なく人と接してはいるものの、どうも人との継続的な関係の中に身を委ねて生きているのではないように見える。人との出会いや別れに存外淡白で、執着がないのである。

〝ある感触〟が意味するものは

このように考えると、職員がもつ、「言葉が通じない・入らない・届かない」「まるで何事もなかったかのよう」との感触は、彼らのそのような「その場限りの感覚」と、職員の「時間を超えてつながっている感覚」のズレの反映ではないかと私には思われてくる。彼らの感覚の中では、「嘘をつく」「約束を破る」などの表現も、あるいは不適当かもしれない。この表現に含まれる〝人を裏切る重み〟がその基盤を失っているからである。「嘘」とは確固とした現実に対比する虚構を立てることであろう。そもそも現実が「その場限りであてにならない」点で虚構と同等であるならば、「嘘」も「嘘をつく」意識も成立しにくい。彼らにしてみれば、本当のことを言おうが、それと違うことを言おうが、その場さえやりくりがつけば、どちらでも大差ないのではないか。同様に、約束も「破った」のではないのかもしれない。なぜなら、「約束」とは、自分と相手とのつながりの中で、双方が双方の言葉を時間を超えてあてにすることによって成り立つものだからである。片方が時間を超えた人とのつながりや言葉をあてにしないならば、反故になったとしても、それは「破った」のではない。泡のように消えたのである。いや、それ以前に、そもそも「約束」は成立していなかったとさえ言える。

こうした「その場限りの感覚」と「時間を超えてつながっている感覚」とのズレを、私たちは日ごろ幼児との間で経験する。一般に幼児は、そう大きくは揺らがない一定の環境への信頼に媒介されて、徐々に時間に対する視野を広げていく。この際の最大の「環境」とはやはり「大人」、一般的には親であろう。しかし先述した子どもたちの生育歴は、あてにならない大人のあてにならない言葉に翻弄された歴史に彩られている。その中で、「時間を超えてつながっている感覚」、そしてそこに身を委ねる感覚をうまく育てられずにいるのかもしれない。これを「世界に対する不信感」と、もっと積極的に言ってもよいのかもしれないが、そういったやや強い語感よりも、もう少しひそやかに目立たない感じで彼らの中に染み込んでいる気がする。

彼らの示す不具合が、育ちの中での偏りや遅れの問題であるとするならば、これに対する指針としては、いかにそれを育てていくかという課題意識になる。この場合で言えば、時間を超えて変わらない何か、時間が経ってもうやむやにならない何かをいかに示し続け育むか、ということになる。ただ、それをどのような枠組みで実現するかは、その子の状態像や逸脱の程度によって特殊性を帯びざるをえない場合もあるだろう（「少年院」という壁に囲まれた強固な枠の中でしかそれを伝達し、育みえない場合もある。もちろんその場合も、人を媒介にするという要素が必要であることに変わりはない）。

おわりに

以上見てきた「その場限りの感覚」に限らず、児童養護施設に来る子どもたちは、育ちの端々に偏りや遅れを抱え込みやすく、そのぶん、世を生きていく際に躓く蓋然性は高い。児童養護施設における「問題」群が「頻回かつ多彩で、その程度は幅広いが、やや重めに偏って生じる」のにはそれなりの必然性がある。ここで見た「問題行動」および、それをめぐる感触の背景は、その現れの一つと言えるだろう。

ところで、子どもに対してもつ「言葉が通じない・入らない・届かない」という感覚は、児童養護施設の子どもに特有のものではない。浜田（二〇〇五）によれば、ベテランの教師たちも今の子どもたちに対し同様の感覚をもっというし、ある新聞記事（二〇〇五年五月二三日付『朝日新聞』朝刊）でも、万引きを指摘しても罪の意識を示さない親や子どもに対する本屋の店長の感想として「言葉が通じない」との感想を載せている。いずれも「子どもが変わった」という文脈である。浜田は、「子どもが変わった」などと安易に述べ立て、それを子ども内部の人格特性や親の養育のあり方と結びつけることに疑義を示し、子どもが「今」にリアリティをもちにくいという、産業構造も含めた子どもたちの生きる全体状況に目を向けるべきだとしている。

そのような視点からすると、私が述べてきたことも子どもの育ちのあり方にひきつけすぎていると言えるだろう。ただ、「言葉が通じない」と感じられる子どもと個々にどのように接していくかと言えば、結局のところ、まずはこちらが相手の住み込んでいる世界にあの手この手で想像力を伸ばして訪ね、言葉以前の感覚を共有していく他はないだろう。「問題意識を共有できない、という問題」はこちらの努力と想像力の問題でもある。私がここに述べてきたことも、仕事上からの視点の偏りはあるにしても、「あの手この手」の一つとして位置づけられればと思っている。

〔参考・引用文献〕
浜田寿美男『子どものリアリティ学校のバーチャリティ』岩波書店、二〇〇五年

10

「貧困」がこころの育ちにもたらしうるもの

はじめに

「貧困とそだち」という特集において、「子どもの生活環境を考える」ために「児童養護施設」が選ばれた理由は何であろうか？　私なりに考えると、三つ挙げられる。

①子どもが施設入所に至る背景の多くには貧困が絡んでいよう。彼らの経験してきた貧困はどのようなものか。また、それは子どもの育ちにどのような影響を与えるのか。

②貧困の影響からの回復の場として期待される児童養護施設は、子育て環境として十分なのか。不十分とすればどういう意味においてなのか。

③貧困の影響を受けた子どもたちを育てるためにはどのような生活環境が求められるか。児童養護施設の経験知から言えることはあるか。

これらに答える現場からの記載が求められているのであろう。よって本稿では、以上の三点に極力沿う形で、児童養護施設職員の立場からとらえたことを記していきたい。もっとも、私の勤務する施設において私がとらえたものであるから、普遍的・包括的なものではない。あくまでも個別的・断片的なものである。しかし、私たちの施設にしかないことではなかろうとも思う。

入所前の生活

まず、いくつかの数字から述べよう。定員四〇名の私たちの施設（現員同じ。きょうだいケースもあるため三五ケース）において、入所時点における母子世帯は一二ケース（一三名）、父子世帯は一四ケース（一八名）であった。母子、父子いずれにせよ、一人親が生活費を稼ぐために就労するも、その仕事（多くは不安定で低収入）ゆえに子どもの世話が時間的にも精神的にもままならなくなり、その中で養育放棄や虐待的関係が生じて入所となるケースが多数を占める。両親そろっていたとしても、離婚と再婚の繰り返し、経済的不安定、家族の不和などで子どもにかける時間的・精神的ゆとりがなくなっていた点では同様と言える。なお、生活保護受給中もしくは受給経験のある世帯は一一ケース（一三名）であった。やはり入所の背景に貧困が絡んでいるケースは多い。

さて、では施設に入る前の実際の生活はどのようなものだったのか。子どもを理解し育てていくうえで、これを知ることはきわめて大事である。だが多くの場合、施設の職員はこれを本当に知っているとは言えない。むろん、ある程度の「情報」はある。児童相談所の記録、親や子どもたちとの会話、あるいは彼らの服装や立ち振る舞いなどから、私たちはもとの家での生活状況について想像をめぐらせる。しかし、その想像力は常に不十分である。

「両親ともに失職して生活保護を受給し、3DKに両親および高校生から乳児まで八人の子どもが暮らしている」とは、どのような喧騒であり人口密度なのか。「生活保護を受給しながらも電気・ガス・水道は止められ、しかし犬と猫は一〇匹以上飼われ続けていた」アパートの光景や臭気はどのようなものであるのか。「離婚母子家庭の母親が夜の仕事のために出かけた」後、残された四歳と三歳のきょうだいにとって、夜はどのように体験されていたのか。——こうした記述は記録としては珍しくないが、ここから彼らの体験を触知しようと想像力を広げようにも、私たち施設職員には（少なくとも私には）〝元手〟が乏しい。

せめてもの接近方法は「実際に家を見ること」であろう。だが、入所施設の職員としては意識して努めても、せいぜい外観や玄関口くらいまでである。家の中まであがることは、そこまでの必然的事態があまりないので稀となる（他の施設の方はどうであろう?）。私のような心理職となればなおのことである。

ある家の中での経験

そのような中、例外的に私もある家に入ることがあった。以下にその断片を記す。こまかな経緯は省くが、掃除が名目だった。その家は近隣から「ゴミ屋敷」との苦情が出ており、まだ入所が正式に決まる前ではあったが、その親子には掃除は到底無理ということで、「困難家庭の援助」という位置づけで掃除に出向いたのである。

離婚父子世帯、父親は精神疾患のため就労不能。公営団地で生活保護を受給していた。中に入ると、カーテンが締め切られて薄暗い中、尿の臭気が鼻をついた。時に、言うことを聞かなかった罰として部屋から出さず、食べ物も与えなかったことがあったそうだが、そのゆえか、あるいは子どもの腹いせでか、自室内で放尿することもあったという。玄関から子どもの部屋に至るまでにはさまざまな物品やゴミ袋が乱雑に積み重ねられ、床が塞がれていた。それらをまたぎながら、尿で変色してボロボロに裂けた襖を開けると、部屋の中央に子どもが一人、頭から布団を被って亀のようにうずくまっており、その周りをカードやフィギュア、ブロックなどの玩具類、マンガや教科書類、お菓子の袋や食べかすなどが新旧入り乱れて無秩序に隙間なく散らばっていた。壁や畳も尿で腐って変色していたが、尿だけではなく、便もついていた。とうに干からびたものもあった。隣室もやはり薄暗かったが、チャットに〝はまっている〟という父親のパソコンから光が洩れ出ていた。パソコンは立派にあるんだな……そういえば子どもの部屋も、散らばっている物品自体は一般に小学生がそろえている類のものであり、品数も少なくはなかった。中には数千円～一万円を超えるような流行りのゲーム機器もあり、それが薄汚れてくすんだ他の品々との対比の中で、なんともちぐはぐなムラを際立たせていた。

私は散乱している個々の品々の「普通さ」と、薄暗さや臭気や汚れが全体として醸す「貧困」の、まだら模様のいびつさを感じながら、他の職員と掃除を続けた。結局二時間、子どもは布団から顔を出さず、父親もパソコンに向かい続けたままだった。

この経験は、私が子どもの入所以前の生活に想像をめぐらす際の重要な〝元手〟の一つとなったが、子どもの入所前の具体的な生活として、これがスタンダードだと言いたいわけではない。入所前の生活は当然千差万別である。ただ言えるのは、右の例は「特別な例外」ではないということである。私が家の中にまで入ったのはこれを含めて数例にすぎないが、個々の「普通さ」と全体が醸す「貧困」のいびつな有様は、幅はありつつも同型であったように思う。他施設の方からも似たような生活状況の事例を聞くことがある。

貧困が育ちにもたらす影響の一つの形

このような生活環境が子どもの育ちにどのような影響を与えるかについては、知的・情緒的発達、行動様式などさまざまな領域において、具象・抽象さまざまな水準から記述が可能である。が、ここでそれを包括的に網羅しようとすると切りがない。具体性を追うと生活の端々の場面を延々と描くことになるし、抽象化すれば、たとえばよく知られた「被虐待児の心理・行動特徴」などの、やや味気ないまとめになる。

なので、ここでは先述した「いびつな有様」との関連が推察される、子どもの振る舞いを一つだけ述べる。それは、彼らは往々にして物を〝大切なもの〟として扱えないということである。言い換えれば、物が単なる物でしかない。むろん、すべての子というわけではないが、貧困の中でネグレクトされてきた子に多い気がする。

一般に、養育者が子どもに与える物品には「他ならぬ今、他ならぬこの子に」という思慮や工夫や手間が込められているものであろう。店を選ぶ、買いに出かける、あるいは作るなどのプロセスにもそれらは反映される。そして、与える際の言葉かけやそれを手に入れるまでの挿話、それを子どもが扱った時の養育者の態度などを通して、子どもは物に込められた養育者の思いを陰に陽に受け取る。その中で、子どもは「他ならぬ自分の、大事なこれ」という思いで物を扱えるようになるものと思われる。先の家では、品揃え自体にはそれなりの一般性があったが、「とりあえず手に入れた」風情であり、与えた側にも与えられた側にも大切に扱った形跡がなかった。「貧しいからこそ少ない物を愛しんで使う」といった通念的な美しい情景はそこにはなく、貧しさゆえに（少なくともそれが大きな要因となって）一つひとつの物に思いをかけるだけのゆとりはなかったこと、結果として子どもからすれば、物を介して自分を大事にされる経験を十分享受できなかったことがうかがわれた。

個々の物品の「普通さ」と全体が醸す「貧困」の「いびつな有様」は、そのことの反映であると私には思われたが、物が人の思いを媒介しえていないさまは、そのような中で暮らしてきた子においては、入所後の物の扱い方にも多かれ少なかれ残っていると思われる。また、入所してしばらくは、それなりによい新品の衣類を着せても「どうも見栄えがしない」「なぜかみすぼらしく見えてしまう」という不思議な現象が起こる子がしばしばいるのも、思慮や工夫や手間をかけた物（そうされるに値する自分）が文字どおり「身の丈に合わない」ことの表れなのかもしれないと（非科学的ではあろうが）思う。

施設での養育vs.貧困の影響

児童養護施設での子育ての仕事は、先述したような貧困の影響からの回復を促す、という側面をもっている。そのために必要なことは、それまで彼らが経験してきたであろう文化とは異なる子育ての文化を提示し、かつそれを維持することである。すなわち、物に象徴されるように、彼らに供する一つひとつのこと（食がその筆頭であろう）に思慮と工夫と手間をかける子育てである。実際、施設の職員は可能な限りそう努めている。しかし、それは難しい。提示するだけならまだしも、維持することが困難なのである。維持のためには養育者たる私たち自身にゆとりが要るが、私たちももとの家庭の養育者同様、しばしばゆとりが削がれるからである。

もっとも、私たちのゆとりが削がれる主たる要因は経済的な困窮ではない。児童養護施設の経済状況は潤沢とは言えないが、貧乏とも言えない。ノートや鉛筆や衣類はもちろん、ランドセルだって買える。給食費が払えないということもない。食事などは栄養バランス、食材とメニューの多彩さ、季節感など、周囲の家庭より豊かかもしれないとさえ思う。では、私たちのゆとりが削がれる要因がどこにあるかと言えば、それはある「ギャップ」に存する。すなわち、児童養護施設の養育体制とやってくる子どもたちが抱えている困難・課題の大きさとのギャップである。

私たちに与えられた養育体制の法的な「最低基準」は、事実上、職員一人あたり十数名の子どもの世話をする勘定となるものである。これについては今さら言うのも憚られるほど言い古された感があるが、言及せざるをえない。ただでさえ、この中ではこまやかさを支えるゆとりを維持することは難しい。そこへもって、貧困の影響を受けた養育状況の中で、子どもたちの多くは施設にやってくる時点ですでにしてなかば必然的にさまざまな遅れや躓きを抱え込んでいる。

たとえば知的発達一つとっても「境界域」以下が多く（私たちの施設では三〇％以上）、学力の低迷もつとに指摘される。だがそれ以前に、衝動性の制御や注意の持続力など「学習に向かうための能力」に難がある子も多い。さらにそれ以前に、周囲への不信や怒り、あるいは〝何をしてもどうせ変わらない〟といった世界観が深く根をおろし、周りが差し向ける事柄を〝良いもの〟として能動的に受け入れること自体が難しい場合もある。先に私は「いびつな有様」という表現をしたが、それは私（たち）からすればであって、当の子どもにしてみれば普通のことであり、その中を生きてきたのである。場合によってはその家庭だけでなく、その地域が概して貧困状況を生きている――ケース記録の住所から「ああ、あそこか」と貧困が予想されるような――こともある。それに対抗するような文化の提示は、「文化的侵略」と映りかねない。実際、私たちと争いの様相を呈することもしばしばある。結果として、遅れや躓きのキャッチアップはままならない。単に一定水準の文化物を供しただけでは果たされないのである。果たされる例も皆無ではないが、少ない。

私たちはこのような状況を踏まえつつも、彼らが一般的な技能や振る舞いを身につけ、自他への信頼を育む方向へと努力する。その作業は本来、一般的な環境で育ち、平均的な力をもった子どもに対してよりも数倍の手間と時間と根気と知恵と人手（したがってコストも）が要るものである。にもかかわらず、施設に与えられている条件は、相当優秀な、放っておいても勝手に育ってくれる子どもを想定したかのような体制である。しかも公的には一八歳までという期限がある。この意味において、児童養護施設の養育環境は不十分と言わねばならない。その中で職員も荒みがちとなる。

なお、私たちの施設から過去一〇年間に退所した五〇名のうち、生活保護が必要になった者は、現在把握しているだけで九名いる。生活保護にならなくても、一〇代で妊娠し、同じく一〇代の夫の低収入で暮らしているとか、経済的に困窮している親元にいるなどの例も複数ある。この状況を養育や援助の「失敗」と見るのかどうか、在園期間や社会経済の要因もあるので一概には言えないが、これらのケースはいずれも入所前の困難状況がひときわ甚だしかった。私たちの力不足もさることながら、負の重力の強さを思う。

施設にはどのような生活環境が求められるか

貧困を経験してきた子どもたちに対し、児童養護施設はどのような生活環境を用意すればよいのか。これは物理的、精神的、援助技術的、さまざまな側面から大小さまざまな議論がなされうる大きな問題である。問題が大きすぎるので、ここでは子どもの養育にあたる「大人という環境」に議論を絞る。

これまで述べてきた文脈に即して言えば、「どのような生活環境を用意すればよいのか」という問いは、「子どもへのこまやかさを支える、大人側のゆとりを維持する生活環境をどう作るか」という問いに言い換えることができる。これもまた大きなテーマであるが、ここに一番大きく関与するのは、やはり大人集団のチームワークだと思う。単に職員一人あたりの子どもの頭数を減らして小集団化しただけでは、逆に養育者の孤立の問題が前景化することがよくある（現代日本の一般家庭の子育てがそうであるように)。小集団化と並行して、職員や専門機関のみならず近隣の雑多な手や目を引きこみながら「みんなでこの子たちを育てている」という意識が作れると、大人側のゆとりはかなり安定度が増すと実感している。

「みんなで力を合わせて」と言うと、古臭い、ともすれば精神論に堕す危険性があると思われようが、これを具現化するポテンシャルを施設はもっているし、現に具現化している施設はある。もちろんこれは、一定水準の物理的条件や核となる養育関係を前提としており、「心がけ」だけで実現するものではない。また、あらゆる集団力動がそうであるように、集団の力が負の作用をもたらす可能性があることも無視はできない。しかし、それらすべてを踏まえてなお、このポテンシャルがある点において、施設は子どもが抱えてきた貧困の影響に抗しうる場として意味をもつと私は思う。現代日本における貧困は、孤立の問題と密接につながっているからである。

第3部 児童養護施設の現場から

非力を重ねて

子どもにはちょっと申し訳ないけれど、子どもと接していて、「ああ、大変だな」と思うことはよくある。「大変だな」とは、子どもが抱えているものへの慨嘆であり、また、そういう子どもと付き合うこちら（大人）側の実感でもあるが、要するに、「厄介なところ」が見つかるのである。それを見つけることは、子どもについて「いいところ」を見つけるよりはるかに――少なくとも私には――簡単である。それは、頼みもしないのに、勝手に視野に入ってくる。多少なりとも子どもと付き合っていれば思いどおりにならないことだらけだし、その連続の中で、背景にある問題の大きさ、根深さを否応なく思い知らされるからである。その大きさと自分のできることの小ささを見比べて、立ち尽くすような心境になることも、よくある。

もっとも、どのような時にそう感じるかはさまざまだろう。無断外泊、暴力、万引き、虚言の繰り返しなど、その渦中においては時に永遠とさえ感じられる、あのウンザリ感の中かもしれないし、あるいはふとした瞬間、たとえば離れて暮らす家族や自分の生い立ちなどへの思いを子どもが口にする時かもしれない。だが、こんな場合もある。私が、ある小学校三年生の男の子にそれを感じたのは、その子と面接室で人生ゲームをしていた時だった。

ご存知のとおり、人生ゲームにはお金のやりとりがある。ある時、私が銀行役として差し出したお金を、彼は上から無造作に、「ひったくるように」取っていったのである。私が差し出し、彼が受け取るその接触の瞬間に、フワッとした「間《ま》」がなかった。一般に、「ハイ、どうぞ」と差し出されたものを「どうも」と受け取る瞬間には、その接触面において、相手の差し出し具合、受け取り具合を互いに顧慮するような「間」の調整が行われるものであろう。彼にはそれがまるでなかった。問題は、彼が私を挑発しようなどとしたのではなく、ごく自然に何の悪意もなくやったということだ。

思えば彼は、相手が自分に向かってしゃべっているのに、まだ言い終わらないうちにしゃべり始め、相手を苛立たせることがあった。なにやらせわしないのである。相手の働きかけを待ち、それを受け取って、そのうえで自分の反応に移る「間」が体の感覚として沁みこんでおらず、自分の関心事にとらわれて相手の様子が目に入らない、そんな印象であった。札束を「ひったくられた」私は一瞬不快だったが、同時に、彼が乳幼児期からこれまで積み重ねてきた、あるいは積み重ねてこなかった経験の膨大さを、眼前に立ちはだかる山のように（それはとても物理的な感触だった）感じて、あらためて思ったのである。ああ、大変だな、やはり。

私と彼は、一応、週一回の「心理療法」という枠組みの中で会っていたのだが、私にできることがそんなにあるとは思えなかった。ごく幼少期から虐待を受けていた彼は、短い一時保護と引き取りを繰り返したあと、親に殴られ三針以上縫う怪我を二度負った挙げ句、入所に至った。私の脳裏にも「トラウマ」の語が浮かばなかったわけではないが、彼は児童相談所職員との面接時、親のことに話題が及ぶと眠ってしまったという。そこに焦点を当てることは性急な気がした。それに、コンニャクが噛み切れない、失禁や夜尿がある、ダンゴムシのように丸まって眠るなど、生活の中でみられる育ちの課題全般のほうが私には気になった。そもそも面接室は、彼が暮らす分園のグループホームからは一km以上離れたところにある。低身長の彼が面接室まで一人で歩いてくるというイメージを、私はどうしてももてなかった。今、彼にとって、食事、お風呂、排泄、睡眠など、生活の中でのこまかな世話以外に必要なことなんてあるだろうか?

身体・生理面に安心・安全の感覚を根づかせること、基本的な体力や生活上の感覚・技能を身につけること、言葉以前の「間」や雰囲気を共有すること……。考えれば考えるほど、彼の課題は日々の生活体験の中でこそ培われるものであり、個別面接としての「心理療法」の出る幕はないように思われ、担当職員ともそんな話をした。

だが、「何もしないのもどうなのか。少しでもいい時間が作れれば」とのことで、結局は私も会うことになった。しかし、密室で向き合うことは彼にはどこか恐怖で、負担になることも想像された。私は「並んで歩く」なら一緒にできるかなと思い、彼の近所の広場で待ち合わせ、彼になじみの道や公園を散歩することを本人に提案してみた。

「せっかくなら、歩いて気分がいいところ、ある? 一緒に行くから」

思ったより彼は乗り気で、数ヵ月の間、私は彼について回り、あちこちの砂場で泥団子を作ったり、ジャングルジムに登ったり、シーソーをしたりして約束の時間を過ごした。そして、そのついでに面接室のある建物付近への道を紹介がてら一緒に歩き、帰る日もあった。私としては歩調や呼吸など、言葉以前の感覚的なものの共有が狙いであったが、本人も特定の時間、大人を独占できるのは悪い気がしないようで、足取りや表情は嬉しげであった。

半年ほどそんなことを繰り返すうち、面接室で過ごすのもいいかなーという感じになってきた。そのころちょうど担当職員も、「この子にも社会的な勉強をさせたい」ということで、バスを使って面接室まで来させることを考えてくれた。本人の足腰も、少しは強くなったようだった。

こうして私と彼は、傍目には「心理療法」らしく面接室で会うようになったわけだが、先の人生ゲームの一コマは、そんな中で起きたのである。日々の中で、他の職員も皆、時に苛立ちながらもほめたり叱ったり、教えたり待ったり、具体的なやりとりを重ねていた。だが、その積み重ねの先で何にたどりつけるのだろう?

それでも、面接室に移っても私の課題意識は依然同じで、面接室からの帰りは途中まで送っていった。少し離れたお地蔵様のところまで一緒に歩き、そこでそれぞれ願いごとをし、曲がり角に背中が消えてゆくまで見送る……こう言うと少し美しく聞こえるかもしれないが、彼には日ごろから、やりとりの中で問い詰めるような独特のしつこさがあって、私もまんまとそれに苛立ってしまうことがあった。なので、私はしつこさには「無意味」で返すことを心がけた。たとえば道中、しりとりをすることがよくあった。彼はなんとか同じ音で終わる言葉を繰り返し、私を追い詰めようとするのだが、私はデタラメ語を造語してかわす。

「また〝り〟？　んー、りまりまぁ〜！」

彼は「そんな言葉、ない！」と怒ったが、顔は笑ってじゃれつくようで、体もいくらか伸びやかだったように思う。

私とのそうしたやりとりは三年ほど続いた。帰り道歩くのを繰り返す中で、喩え話に託すようにして、赤ちゃんという存在の無力さやつらさ、骨折や出血などを話題にしたり、「(親のことを考えると)胸がドキッとする」などと語ったりすることもあった。「内海さんは死にたいと思う？　僕はまだ死なないよ」とも言った。

こうしたやりとりにどれほどの意味を認めるのかは議論の分かれるところだろう。私は一定の意味があると信じたいけれど、無意味と断ずる人もいるだろう。「いい時間がもてた？　少しは変化もあった？　でも、それが今後のシビアな現実に対して、どれほどの効力をもちうるんだ？　彼がここを出た時、自立して生きていける足しになっているのか？　そうでないとしたら、職員として仕事をしたと言えるのか？」と。私の中に反論の言葉はいくつか湧くが、でも、私自身がその問いを排除しきれないので、私は口をつぐむ。たしかに、そこに「意味」の基準を置き、課題の大きさにあらためて思いを致す時、私は、私たちは、まるきり無力とは言えないにしても、かなり非力だ。

ある集まりで私はそんな心中を口にしたことがある。

「……でも、彼の今後の道のりを思うと、これが何になるのかって、時々思ってしまうんです」

私の横に座っていた老精神科医が間を置かずに言った。

「私はそんなこと考えないね。その時その時、一所懸命やるしかないんだ、われわれは」

問答無用で、まさに一蹴という感じであったが、あれこれの理屈より、私にはむしろそれが心地よかった。今も、その余韻が残っている。

「こうなる前に……」と言うけれど

私はかつて精神科で研修や仕事をしていた。勤めた場所によっては白衣を着ていたこともある。私は外来の部屋や病棟の中にいて、扉の向こうからやってくる人を迎える側であった。だが、児童養護施設の職員として仕事をするようになって、私にとっての「扉の向こう」は精神科のほうになった。私は扉を敲《たた》いて援助を求める側になったのである。

と言っても、私自身が発病し、個人的に治療を必要としたというわけでは（今のところ）ない。入所している子どもに精神的失調が生じる場合があり、医療機関につなげる必要も時としてある、ということである。これは、業務という観点からすれば「機関同士の連携」に他ならないし、実際、感覚としてもそういう部分はある。だが、生活の近くに身を置く仕事柄、それだけではくくれない心情も生じる。私は、精神科治療をめぐってある高校生とやりとりをしていた時の空気を思い出す。

彼は入所して数ヵ月は、口数少なくひっそりと部屋の片隅にいることが多かった。気配があまりなく、ふと気づくとすぐ横にいてびっくりさせられる、ちょっと不思議なところがあった。入所の直接のきっかけは、親と大喧嘩をした末、扇風機を投げつけ家を飛び出してきたということだったが、目の前の彼からその姿を想像することは難しかった。

数ヵ月経ち、バイトを始めたり幼児の相手をするようになったり、変化もあるにはあったが、他児も多くいる喧騒の中で担当職員が彼を話題にすることも多くはなく、そういった変化は肯定的とも否定的ともとくに色づけのないまま、かすかに耳に届く程度であった。

だがそれから徐々に、変調が見られ始めた。きっかけは風邪だった。症状が一通り治って二週間ほど経つのに、頭がボーっとして、自分が揺れている感覚があるのだという。彼は入所以来、漠然としたストレスや疲れを感じているようだった。私は聴きながら、以前勤めていた精神科外来で、同様の症状を出発点にあげ、「耳鼻科に行ったら精神科に行くよう言われて……」と語る人が存外多かったのを思い出していた。「耳鼻科も考えられるけれど、精神科や心療内科のほうがよく診てもらえるかもしれないよ」。当時私は地域の精神科事情をよく知らなかったので、名前のみ知っていた診療所を提示した。「いいところか、確約はできないんだけど……むこう何日かは用事があって一緒に行けないけど、そのぶん、もし行ったなら様子を聴かせて」と。「精神科」にさほど抵抗はないようだった。

翌日彼は受診したが、「ここは精神科だよ、わかって来てる？　内科等でもっと検査してもらって来なさい」と言われ、薬も処方されなかったと言う。私は残念にも申し訳なくも思ったが、次にどうするかは決めずにいた。

このころから、担当職員が彼の話をすることが多くなり、記録も増えた。……急に他施設に移りたいと言い出し、児童相談所に勝手に連絡をとってしまった。幼児がうるさいと言い、以前は彼らにハンカチをくれたりしたのに、今は本当に嫌なものを見るような視線。バイトも、あるのに忘れてしまったり、ないのに行ってしまったり。急にわーっと泣きだした……等々。

私にも、頭がボーっとするのが治らない、次にすることの記憶が薄れてしまう、と言ってきた。たしかに、数日前の会話をもとに話をすると本当に記憶に残ってなさそうで、ひどく狼狽することがあった。思考・感情の障害？　現実感覚の断片化？　……私はサイコティックな水準の問題をかなり意識し始めたが、「内科に行きなさいと言われたのだから、とりあえずそうしてみたら？　それで治らなかったら別の科に、ということで」と提案した。

数日後、彼は総合病院の内科を受診したが、その日のうちに精神科に回された。一緒に行った職員によれば、医師は「精神病ではない。薬で治るようなものではなく、かかわっているいろいろな人の力を借りて少しずつ解いていく問題だ」と言ったという。投薬はなかった。慎重に、丁寧に診てくださる方なのだろうと推測されたが、当人はもう一度行ったきりで、強く促しても通院しなくなった。

この間にも変調は進んだ。全般的に動きが鈍くなり、表情が動かなくなった。以前はきっちりしすぎるほどだった布団や洗濯物はぐしゃぐしゃ。一方、食欲が異様に増え、ご飯を朝から七杯食べたりした。人をじーっと見ることや、テレビや会話の最中、流れとは無関係に笑い出し止まらないことも増えた。不眠も生じた。施設長と担当職員、私との間では、精神科受診の必要性は疑いのないものとなっていった。

ある朝、蒼白になって震え、「部屋が荒らされている」と訴えてきた。そのような痕跡も事実もなかった。「体調、よくないでしょ？　眠れない頭でいくら考えようとしてもうまく考えられなくて、落ち着かなさは増えるばかりでは？」と言うとわずかに頷いたが、受診の促しには頑として応じなかった。その日以来、自室では眠れなくなり、リビングで寝るようになった。当然、周りの子どもたちにも不穏な空気が流れる。それに呼応するように、彼の雰囲気も日いちにち、ささくれ立っていった。人から注がれたお茶を飲まなくなり、他児を睨むような目つきになった。部屋の中の物がすり換えられたと言って荷物を紐で結び、戸をガムテープで塞ぎ始めた。夜中の三時過ぎ、「僕を調べて何が楽しいんですか」「変なものを飲まされ、おかしくされた」と担当職員に泣いて詰め寄ることもあった。

空気が張り詰めてくる中、児童相談所の協力で受診先を手配してもらった。彼を連れ出すのは骨が折れたが、複数人で譲らず説得したところ、なんとか受診にこぎつけた。だが、拒薬が激しく、通院治療は無理と判断された。外来の医師は数回を費やし合意形成に努めたが、服薬も入院も拒否する姿勢は変わらず、三回目の受診日、ついに医療保護入院に踏み切ることになった。「入院が必要」との医師の宣言に、その場の彼は強い拒絶を示した。が、どこかで覚悟を決めていたのだろうか。その前日は、バイト先に制服を返しに行き、部屋の整理をしていたという。「部屋が荒らされている」と訴えてから二週間、「頭がボーっとする」と言ってきた日からは三ヵ月が経っていた。

病院からの帰り道、穏やかとは言いがたかった入院場面を思い返しながら私が感じていたのは、安堵と「こんな状態にまでさせてしまった」忸怩たる思い、そして疲れだった。周辺人物である私ですらそうだったのだから、起居をともにしていた担当職員はなおさらだったろう。私は、精神科の扉を敲く家族の心情を、ほんの一部だが知った気がする。幸い、あれから数年経つが、彼の経過は悪くない。

病院で仕事をする人は、専門家として相当な数の患者と接している。しかし、失調が刻一刻とその輪郭を強め、本人と周囲のゆとりを削り取っていくさまに実際に立ち会うことは、実はそうないであろう。少なくとも、かつての私はそうだった。私にとって、「患者」はすでにそこにいる存在であった。そして、「患者」であるという前提から逆算して、「もっと早く、こうなる前に何かできなかったものか?」などと考えたこともある。だが、一人の子どもが「患者」になっていく過程に居合わせた私には、今そういった「後出しジャンケン的見解」に出会うと、「『もっと早く、こうなる前』じゃなかったのにもそれなりの事情があるんだよ!」と少々毒づきたくなる部分がある。

それでも、あの時点であああしていれば……? との思いは今も皆無ではないし、そう考える姿勢は一定程度は正しいであろう。現在の見地から経過を吟味し、次に活かすことは大切な作業である。だがそれは、うっかりすると、現在の高みから過去の手抜かりを安易に批判し、いたずらに自他を責める不毛さにつながる気もする。だいたい私たちは、今ある不具合につながる因果の糸を、過去の不首尾や愚かさのどこかに結びつけたくなる存在なのだ。現在の不具合がなくなることがおよそありえない以上、検出される過去の不備もゼロになることはない。

経過の中で誰のどのような不手際があろうとも、それらすべてを含みこんで今がある。不備は不備として見据えたうえで、しかしそれをも一種の宿命的事態として受け止め、そこから何をどう始めるかというところにしか私たちの現実的な課題はない。「扉」のどちら側にいても、そこに違いはないと思う。

見送る背中

小一の彼が入所してきた日、彼と親との別れの光景は、この道三〇年の経験をもつ担当職員にとっても寒々としたものだったという。その日、児童相談所のワーカーと本人とともに、母親も一応は来た。しかし、横を向いてボーっとしている。対照的に、本人は口数多く、動き回っている。少し時間が過ぎ、母親は五百円玉を彼に渡す。バイバイ。

「でも本当にそれだけよ。本人だって泣くでもすがるでもない」。もうこれが最後とその時点では思ってなかったにせよ、あまりにあっさりした別れに問題の深さを感じたと、担当職員はまだ眼前に浮かぶといった顔でこの時の様子を今も語る。私は立ち会わなかったけれど、私の目にもその情景は浮かぶ気がする。私はその場面を、まるでそこに彼を理解するすべての手がかりが凝縮されているかのように大事に、繰り返し思い描いてきた。そんな別れ方が成立してしまう六年余の歴史について、及びえない想像をめぐらせた。

客観的な状況として、引き取りは到底見込めそうになかった。児童相談所によれば、そもそも「どういう条件が整えば引き取れるか」という課題の設定自体が成り立たないとのことだった。母親は緊張感のない口調で長期の預かりを要求するばかり、離婚した父親は親権者でもない自分に連絡が来ること自体が迷惑といった様子で、養育の意志はないに等しいことがうかがわれた。実際、一度も親からの連絡はなく、やがて居所が不明になり連絡がとれなくなってしまった。彼は彼で、親のことを口にすることはなかった。それはもう、完璧と言っていいくらいだった。

その代わりと言ってはなんだが、彼がプレイセラピーで出してくる表現はまことに激しいものだった。一時保護所の記録に「個別にかかわってほしい気持ちが強い」とあったこともあり、大人に対してもっているであろう怒りや不信感を表現する場を提供することには意味があると考えた私は、担当職員と相談して個別の時間を設定することにしたのだった。「〝内海さんの部屋〟っていう、約束した時間は○○君だけが使える部屋があるの。○○君もここに来たからにはいろんなことがあったわけでしょう？　お話ししたり遊んだりして、嫌な気持ちとかが少し軽くなって暮らせるといいなーってためにあるお部屋なんだけれど……」。私の言葉に彼は横を向いたままだったが、耳はたしかにこちらを向いていた。そういう場があることで、むしろ荒れた言動が面接の場を超えて強く出てしまう可能性があることも、一応は覚悟のうえだった。荒れはあってもちゃんと面接の中で受け止めることができればいい。一時的なものとして収まるだろう。

果たして彼は次々と自分の世界を提示していったが、始めてしばらくして、私は自分の見通しが甘かったことを思い知った。彼は濁った褐色絵の具を使って殴りつけるように○を×で塗り潰した。繰り返し、繰り返し、その筆圧は画用紙数枚を突き破る勢いであった。新聞の人間の顔も執拗に塗り潰した。私の扱う人形を高い上空や宇宙から凄まじい勢いで殴りつけ、あるいは叩きつけ、その人形は頭部から出血し、瀕死の状態になった。また、「宇宙の暗闇」に飛ばされて出てこられない、叩き潰され、火で焼かれ、海で溺れ、灼熱の島でうなされ、首を絞められ、体を縛られ、毒を食べさせられ……などが何度も繰り返された。真剣な表情だった。ストーリーめいたものが現れても、それは楽しいパーティを外から眺め、入りたく思いつつもぶち壊してしまったり、自分を助けてくれたものが次の瞬間にはなぜか自分を迫害したり、という筋ばかりだった。

こういった世界を「受け止めればいい」？　それはそうかもしれない。でもそれが「できる」などと思うのは、何か間違ってはいないか。私は毎回、自分自身が虐待を受けているようで、「つらい」という思いさえもが麻痺しかねない感じだった。

ふと周りを見渡してみると、私との時間は全然「治療」になんかなっていないように思われた。日常の生活の中で、彼は集中砲火的に攻撃されていた。常に小さな棘を内包したような言動に他児とのトラブルは絶えず、攻撃されると神経に障る大声ですぐ泣く。そのくせ決して折れず、言うことをきかない。そこがまた周囲の苛立ちを誘う……。彼が面接室で表現しているものは「過去」ばかりではなく、まさしく「今」の現実でもあった。それは表現せずにはいられないものだったかもしれないが、したからと言って浄化にはならず、むしろ表現するほどその世界を再体験し、取り込まれていくようにさえ思われた。現実的な環境調整はもちろんだが、面接でも「人と一緒にいて悪くない」と思える穏やかな時間を積むほうが今は重要ではないかと私は思うようになった。実際、二人でただ静かに粘土をこねているだけ、という凪の時間もあるにはあった。そういう時間を大事にして、なるべく増やしたいと思った。

だが、それもそう甘くはなかった。みずからの傷を抉るようなストーリーは止めようもなく形を変えては出現し続けたし、そればかりか、現実に退室時、室内を壊してから去ろうとする動きが強まっていったのである。面接内容はそう荒れていない時でも、帰り際になると棚の物を倒すなり、机の上を汚すなり、箱庭の砂を撒くなり、何かしないと気が済まないようだった。私としては、破壊的なことはされたくないのはもちろんだったが、彼にもさせたくなかったから、なるべく未然にその行為を防ごうとした。だが、やらせまいと躍起になればなるほど、彼は巧みにかいくぐり、嘲笑うように（と私には見えた）室内を汚して去った。次第に私は終わりの時間が近づくと神経を尖らせるようになった。しかし阻止は成功せず、まともな気持ちで彼を見送ることもできないまま、ささくれ立つ気持ちをたぎらせて室内に取り残された。それが一年ほど続いた。

今、この時期を振り返って思うに——いかにも陳腐な理解かもしれないが——やはり私は「置き去り」を味わわされていたような気がする。あの体験や気持ちを何と表現すればいいか考えた時、それが一番あてはまる気がするということ以外に、（何を契機としてかは必ずしも定かではないが）この実際の破壊的な去り方が減じていくのと並行して、プレイの中で「置き去りにされる」ことが増えていったからである。「旅に出ます」という置き手紙を残して消えた家人を足跡だけを頼りに追う。が、それは途中で消え、尋ね人らしき影がその存在をほのめかすように視界をかすめることはあっても、決して追いつくことはできない。そんな類のストーリーが変奏されながら、その後数年続いた。

今はわりと穏やかな気持ちで見送れるようになった彼の背中を眺めながら、私はふと、私たちが出会う子どもは、きちんと見送ってもらうことの少なかった子どもたちなのではないかと思った。置き去りにされたような心境で誰かの背中を見送るばかりで、誰かにしっかりと見送られ、不安な中でも気持ちを強くもってどこかに踏み出す、ということの少なかった子たちなのでは……と。もっともこれは、よく言われる「きちんと迎え入れられ、存在を受け止められてこなかった」ということを別の角度から言っただけかもしれないが。

入所してきたあの日、彼が見送った母親の背中はどのようなものだったろう。いや、そもそも「見る」なんてこともなかったか。私の想像の中の彼は、去っていく母親を意識しながら、でも何もなかったようなそしらぬ顔で、決して見てはいない。今も彼は面接からの帰り際、「また来週」との私の言葉に、ほとんどそっぽを向くようにして出ていく。振り返って目を合わせるなんてしなくてもいい、と私は思う。私が見送るその背中に、私の視線を感じてくれれば、今は、とりあえず。それがやがてこの施設を出てどこかへ踏み出していく時の表象の一部になってくれはしないか。それは願いであって、ただの感傷かもしれないことを、一応はわかっている。しかしそうだとしても、日々きちんと見送ることは、それをおろそかにするよりよいはずである。担当職員はじめ、毎日の生活の中で膨大な積み重ねをしている職員に比べたら、私のそれはごくわずかにすぎない。だが、せめてその一部に参入する気持ちで、私は私のところに来た子たちをなるべくきちんと見送ろうと思う。セラピーの腕は未熟でも、それは少しこころに留めておけばできる。

繰り返しの重さ

児童養護施設の仕事は、基本的に毎日同じようなことの繰り返しである。なにしろ子育てをする場である。食事、洗濯、掃除などを基本骨格とし、その他ほぼ無限に近い諸事をほぼ無限に繰り返している感がある。

もっとも、「毎日同じようなことの繰り返し」は児童養護施設に限らないであろう。生活とか仕事というものは、たいていはそういうものではなかろうか。もちろん、今日と同じ日はない。日々何かしら変化があり、違いがある。「毎日が新鮮」と言う人もいるだろう。しかし、大枠は繰り返しと見ることができると思うし、「毎日が新鮮」と言う人だって「〝毎日が新鮮〟を〝毎日同じように繰り返している〟」と言えなくもない。私は揚げ足をとっているのではなくて、両者はともに事実であろうが観点が違うと言っているだけのつもりである。

ただ、「毎日が新鮮です」と言えたほうが「毎日同じようなことの繰り返しです」などと言っているより世間的に通りがよさそうである。だからできれば私もそう言いたいのだが、私の実感は冒頭に述べたとおり、そうではない。こんなことでいいのかな、という思いもふとよぎる。

でもそれじゃまるで「毎日同じようなことを繰り返す」ことの価値が低いみたいじゃないか、そうじゃないんだ、という思いも一方でもつ。少なくとも児童養護施設の仕事は、毎日の同じようなごく普通のことを、いかに丁寧に繰り返すかに生命線があるとさえ私は思っている。

それは私のような心理職の場合も同様である。私が心理士として行っている面接（主にプレイセラピー）も、平凡なことの繰り返しが多い。準備→面接→片づけ→記録……という形式の面はもちろんだが、内容の面でも、一年以上延々と人生ゲームばかりやり続けるとか、ひたすら将棋を無言で打つとか、縄跳び、ボール投げ、ＰＫ合戦など、どこでもできそうな遊びを五〇分やって、バイバイまた来週とか。「うーん、こうした繰り返しに何か意味があるのか？　ただ遊んでるだけで〝セラピー〟になってないんじゃないか？」と考え込んでしまうことも、ままある。

しかし、施設入所に至るまで不安定で起伏の激しい生活をしてきたような子にとっては、そうした「平凡なことの繰り返し」を淡々と保障すること自体に意味がある場合も少なからずあるように思う。もちろん安易にそればかりを強調し、セラピーの中身の吟味を怠ってはいけないが、あまり性急に意味を摑もうとしすぎると（私はしばしばそういう自分の性向を自覚する）、妙に理屈っぽいこじつけみたいになるか、あるいは逆に、「何の意味もないのでは？」との虚無感に絡めとられやすくなるように思う。なので、私としてはそういう遊びが続く時は「まず害するなかれ」の原則に従い、子どもにとってとくに不利益がないようなら何かしらの意義があるとさしあたりは考えて、明確な意味は見出せなくとも、まあせっかく子どもが自分から来てやっているのだし、くらいに気長に構えていたいと思っている。そのうちに何か見えてくることもある。

ある小学生の女の子は、面接を始めて三年目くらいから将棋崩しやオセロ、折り紙など、日常の他の場面でもやっているような遊びを多く持ち込むようになった。それまでは、自棄的な気持ちをあふれさせるかのように絵の具や紙粘土をぐちゃぐちゃに混ぜたり、お医者さんごっこで私と交互に治療し合ったり、自分の腕や脚にビニールテープを何重にも、「このくらい巻かないと血が出るの！」ときつく巻きつけたり、面接終了時にはお湯を床に撒き散らし氷を投げつけて砕いたり、といったことを繰り広げていた。やがて絵日記やダンボールでの家作りなど、形と輪郭のあるものを造形する動きが前景に出始め、そしてその次にみられるようになったのが「日ごろ面接室の外でもやっているような遊び」なのだった。就学前から面接を始めたので、この時、彼女は小学二年生くらい。以後、内的世界を垣間見せるような遊びは折々に表れるものの、この傾向は基本的には増していった。キャッチボールや将棋、パズル……劇的なことはほとんど起こらず、毎時間は「同じようなことの繰り返し」でなんということもなく過ぎていった。

だが、その子は年に数度だが、私の「週間予定表」をじーっと見ていくことがあった。私の「週間予定表」は、文字どおり、一週間の面接予定が表に書き込まれるようになっている。一枚で一週間ぶん。だから一年間ぶんでは五二、三枚の紙が一冊のファイルに綴じてある。一枚めくると次の週。反対に、一枚遡ると前の週。彼女は毎週自分が来る、同じ曜日の同じ時間のマスを、ボールペンで強く塗り潰した。その勢いは紙を突き破らんばかりで、というか本当に突き破ることもあるほどであった。そして数ヵ月先まで、自分が来るはずの、同じ曜日の同じ時間枠を塗っていくこともあった。そうしておいてから、今度は逆に一枚一枚過去へと遡って、「この日も来た、この日も来た、この日も来た……」と自分が来たことを確認していった。年を重ねるごとに私の「週間予定表」も増えるわけだから、学年が上がるにつれて見るべきファイルの数も増える。高学年になると、五、六冊ぶんの「週間予定表」を見ていくことになった。その時の表情は、真面目だがうっすらと口許に緩みがあり、穏やかと言ってよい顔であった。私は黙って横からそれを見ていた。

したり顔に解釈めいたことはあまり言いたくないが、私にはこの子が「今日」に連なる昨日と明日の確かさを見つめようとしているのではないかと思われた。昨日とのつながりの中で今日があり、そしてその先に、同じように明日が確かにある、と。両親の不和、離婚、たび重なる引っ越し、そして親の失踪により文字どおり置き去りにされたうえで入所に至った彼女にとっては、そうした作業が必要なのだろうと思ったのである。

五年生になって「週間予定表」を眺めたころと少し前後するある日、自分はいつからここに来ているの？　と彼女は遊びの最中、唐突に尋ねてきた。

「△△年だね」

「内海さんのお部屋はいつから始まったの？」

「△△年。だから○○ちゃんはこの部屋ができたはじめの年から来ていることになるね。○○ちゃんがここに来始めたのは夏休みが終わってから。水玉のワンピース着てた。でもまだ小学生にもなってなかったな」

「よく覚えてるね」

「そりゃ覚えてるさ」

「ふーん」

入所してくる子どもたちの生の不安定さに対して、安定した基点と土台の実質を与えているものは、小さくてささやかなことばかりで成り立つ「毎日の同じようなこと」の繰り返しである。それだけでもダメだが、それがなくてはダメなのである。この繰り返しがもつ意味は、とても重い。

しかし一方、繰り返しはその持続にかかる負担も重い。誰にとっても毎日を平常に保つのは傍で見るほどたやすくはない。実はそこには多大な労力が注がれているし（個体においても基礎代謝が消費カロリーの最大を占めるという話を比喩的に思い出す）、惰性や馴れ合い、鈍磨などの言葉とも背中合わせである。ただでさえ日々の繰り返しに倦み疲れてゆくのが普通の生活者であって、まして、子どもと向き合えば「ああ、またか」「相変わらずだ」との思いをもつことがおよそ避けられない中で、日常を一定の水準に維持するのは、とても重たい。だから、同じようなことの繰り返しをいかに新鮮に行うかが課題になるのだと、言葉のうえでは思うものの、実際には「毎日新鮮」だなんて、野菜売り場の謳い文句みたいにはとてもいかない。しかし、自然に任せて為しうるようなものではないからこそ、「課題」（意識的な工夫や努力の対象）というべきなのかもしれないとも思う。

でも、どんな工夫や努力があるだろうか？　カンファレンスや研修を通して、小さなことがもつ意味を折に触れて見出すというのがまずは浮かぶが、あとはやはり、それこそ生活の中で脈々と培われてきた種々の常道を踏むということになろうか。誰かとお茶やお酒を飲みに行ったり、おしゃべりしたり。それもまた、繰り返し、繰り返し——。

不意打ち

大事な話はだいたいいつも不意打ちのようにやってくる。こう言うと何かの警句みたいだが、子どもとかかわっている仕事上の実感である。それは問いかけの場合もあれば独り言のような場合もあるが、いずれにせよ唐突で、往々にしてうまく答えられない。いくら唐突でも、これは大事そうだということは感知できる。しかし、むしろそれゆえに、「え……？」などとまごまごしてしまい、その間に話は流れ去ってしまう。もっとしっかり答えられればよかったのに。でももう遅い。「機会（カイロス）は束の間に去る」とはヒポクラテスの言葉であったか。

子どもが大事そうな話をふっと投げかけてくる局面は（他の人はどうか知らないが、私においては）そう頻繁にあるわけではない。そのぶん「捉え損ねた」感は大きい。それでもあれこれ考えているうちに再びチャンスが〝追試〟みたいにめぐってくることはある。しかし、必ずそうだとは言えない。一度チラッと垣間見えただけで、それきりもう出会えない話もある。

私はある女の子に手を焼いていた。というより、担当職員以下、ほとんどの職員が手を焼いていた。彼女は入所してからというもの、自分をとりまく状況全般を全身で拒絶しているかのようだった。ご飯を食べさせようとする。「イヤダ！」お風呂で髪を洗おうとする。「イヤダ！　ギャー！」靴下を履かせようとする。「履けない！　履かせて!!」幼稚園に行かせようとする。「行けない！　歩けない！　おんぶ！　おんぶ!!」

彼女は四歳だったが、要求が聞き入れられなかった時の様子を見ると「これが四歳？」との感想を抱かざるをえなかった。三角形に白目を剝いて睨み、神経に障る声で叫ぶ。そして、ドスのきいた声で「ふざけんじゃねえ！」

担当職員はベテランだったが、甘えと攻撃がぐちゃぐちゃに混じった彼女の際限ない要求や、それに触発される他児を巻き込んだ果てしない喧騒の中で、見る間に疲弊していった。四歳の女児がなぜこんな言動をするのか、生育歴はじめ各種資料を読めばそれなりの理屈は成り立つ。だが、そんな「理解」など蹴散らすように火の手はいつでも、どこからでもあがった。スジ論はともかく、毎日の生活を回していかなければどうしようもないので、担当職員はかりそめの平和を得るためだけとわかりながら、毎日彼女をおぶって幼稚園に行かざるをえなかった。そして、無理が重なる中で腰をひどく痛めてしまった。

私がこの子と面接しようという気に駆られたのは、どちらかと言うと、担当職員のせめてもの手助けになれば、という気持ちが強かった。もちろんこの子のことを考えてというところもあったのだが、今は担当職員がこの子と離れて楽になれる時間が少しでも多くあったほうがいいと思ったのである。私は担当職員と話し合い、週に一度ではあるけれど幼稚園のお迎えに私が行き、その足で面接室へ行ってセラピーをし、帰りもホーム（面接室のある建物からは少し離れたところにある分園のグループホーム）まで歩いて送っていくことにした。

だが、実際に始めてみると、想像以上に一筋縄ではいかなかった。はじめは道々肩車を要求されるくらいだったが、幼稚園への出入りが定着するにつれ、私への罵詈雑言や命令口調が増え、次第に毎回のお迎えは修羅場と化すようになったのである。私の姿を見ると、彼女は三種類くらいの顔を一秒にも満たないくらいの間に変転させた。はじめ「少し怪訝そうな顔」、次いで「やや嬉しそうにほころびかけた顔」、そして急転直下「ムッと不機嫌そうな顔」。そして、「イヤ!!」と叫んで園内を逃げ回り、帰ろうよと促す私をものすごい表情で睨む。「るせーんだよ、てめーは」「ジジイ！」と砂をかけたり蹴ってきたりした。「これってどう映るのか……」他のお母さん方や（多少こちらの事情や身分を知ってくれているとはいえ）幼稚園の先生方の視線も気になった。小一時間そんな感じで面接室に行けない日もあったが、でもどうしようもない。そんな繰り返しに苛立ちや無力感は募っていった。

数ヵ月経った折、その日も私は振り回されていたのだが、毎週来る私を何と勘違いしたのか、「おじさん、これ投げてよ」と男の子がボールを渡してきた。「はい？」と思いはしたものの、私ももういい加減彼女の悪態に嫌気がさしていたので、促されるままになかば彼女を無視して野球に興じ始めた。すると逆に、彼女が慌てたように背中に乗ってきた。……ふーむ。以来私は、体よく幼稚園から彼女を連れ出すことや、彼女と一対一で時間を過ごすことにこだわることをやめた。どこで何をしようと、おやつまでに彼女をホームに送り届けるまでの時間全体が彼女との「面接の枠」だ、と私は腹をくくることにした。

不思議なことに、そうやって決めこんでみると案外（あくまで徐々に、それまでとの比較においてということだが）すんなり園を出られるようになり、面接室での時間も安定して確保できるようになってきた。幸い、ひとたび面接室まで来ると、彼女はさほど破壊的にはならなかった。「家の中の火事・地震、家の外の怪獣」「こぼれてしまうミルク」「病気になった者の治療」……プレイの中では彼女が経験してきたであろうことや内的世界が提示され、展開していった。とはいえ、全体的な印象からすれば、私たちにとっての彼女はまだまだ人を人とも思わない暴君で、傍にいても気を緩めることのできない相手であり続けた。

ある日、もう面接も一年以上が経過していたが、面接室からホームまでの帰り道、彼女は私の傘の中にひょいっと入ってきた。「なんで手袋してんの?」クリスマスのすぐあとで氷雨が降っていた。「いや、手が冷たいからさ」。少し面食らう私に、彼女は続けた。「手が冷たい人はこころがあったかいんだよ。○○（彼女の名）はいつも手があったかい。だからこころが冷たい。自分でわかってる」。顔は前を向いたままで、独り言みたいな言い方だった。

それは私にとって唐突で、「これは大事だ！」と意識のどこかは反応しながらも思考はまとまりを失い、「何か言わなきゃ、何て言おう?」などと空回りしているうちに、彼女はまだしまわれていない沿道のクリスマス飾りにちょっかいを出し始め、空気はもう別の段落へと移ってしまった。あれは紛れもなく不意打ちであった。

でも翻って私は思う。彼女は私を「不意打ちしてやろう」などと思っただろうか？　否であろう。彼女にしてみれば、それは長らく抱え込んできたものがふと何かの具合で結晶化し、表に出ただけに違いない。おそらくは、それが相手にどこかで通じるという皮膚感覚のもとに。

あれ以来、これに類する表現を彼女がしたことはない。日常の彼女はおよそすべてが行き当たりばったりに見え、そういう感覚を内に抱えていようなどとはまず誰にも想像できないと思う。まして、彼女はあのとき五歳であった。だから今でもあの場面を思い出すと、自分は夢でも見ていたのではないかという気になる。こんなやりとりがあったことさえしばらく忘れていたほどだ。しかし、私はたしかにこのやりとりを記録に書き、赤い下線まで引いている。それはたしかにあった出来事だし、彼女はそういう自分を抱えていたのだ。

「日ごろ忘れられがちだけど、ないとさえ思われているけれど、自分はこういう面もあるんだ。こういうことも抱えているんだ」という警告を、子どもは時々発する（発さざるをえない）のかもしれない。それが「不意打ち」の内実なのだとしたら、「うーむ、しまった」とか思いながらも、日ごろは見えなくなりがちな相手の一面にその後あらためて思いを致すことができれば、少しは打たれた意味もあると言えるかもしれない。

彼女からの〝追試〟はまだないが、もしあったとして、あの日よりマシな受け答えが私にできるだろうか。そもそもあの日の〝正解〟が何であるかを私はいまだ知らないでいる。ただ、今の私はこうして文章に記すくらいには彼女のそういう側面を忘れずにいる（文章にすることで忘れずにいようとしている）。あの時よりはもう少し深い息で、低く唸ることくらいはできそうな気はするが、それが絶句して口ごもったあの時よりマシなのか、また、それで〝合格〟なのかどうかは、やはりわからない。

その声は、誰の声？

福祉の世界に入って初めて聞いた言葉の一つに「アドヴォカシー」というものがある。英和辞典には「弁護」「擁護」等の訳語が載っているが、福祉業界では「障害をもつ人や子どもなどのように、みずからの権利やニーズを表明することが困難な人々の擁護者となり、本人に代わって権利・ニーズを主張し護ること」といった意味で使われるらしい。ゆえに「代弁」が当てられることもあるようだ。児童福祉においてもその必要性が折々に指摘されるが、たしかに、理不尽な状況に置かれても声を挙げる力やそれを社会に届かせ反映させる力が相対的に弱い子どもという存在にとって、その声をきちんと聴き、代弁的機能を果たす人や機関があることは大切であろう。私はそこに異論も反論もない。

だが、「子どもの代弁者」を自認していると思しき人や文章に出会うと、私の中には少し疑義を含んだざわめきが生じる。代弁？　代弁できるほどに子どもの声——文字どおりの声だけでなく、その子どもがどんな体験世界を生き、何を必要とし、何を訴えたいのか——が聴けているの？　何を根拠にそう言えるの？　と。私も心理職だから仕事上の努力はもっぱら子どもの声を聴くことに割いているつもりである。しかし私としては「まったく、声ってやつは一筋縄じゃいかないよな」との思いを強くすることが多いので、「子どもの声を聴こう」などの文句がキャンペーン的に踊ったり、これが子どもの声だとばかりに人が語っている（ように見える）のに出くわしたりすると「そんな簡単なもんかね」とつい思ってしまう。あるいはそれは、しかと聴き取ったとの実感に乏しい私のやっかみなのかもしれないが。

声が一筋縄ではいかないというのは、いわゆる本音を聴けるかどうかという問題だけではない。そもそも本音なるものがどこかにあって、それが出るとか出ないとかいうモデルはどこまで妥当か、という問題を含む。そのことを考える時に思い出されるのは、以前事例検討会である先輩に言われたことである。

小学生男子のプレイセラピーの展開を報告した時のことだった。親戚筋をあちこちたらいまわしにされた末、ほとんど厄介払いみたいな形で入所に至った彼は、周囲からの誘いや働きかけを素直に受け入れるということがまずなかった。こちらが何か尋ねても「教えなーい」、誰かが何かを嬉しそうに語っても「それが自慢?」といった具合に余計な一言が多いので、この子には皆が苛つき、結果として彼は独りになってしまうことが多かった。面接室でも毎回こちらの気持ちなどまるで無視して嫌がることをやり、ケタケタ笑う。私としても付き合うのに難儀していた。私はひそかに「神経逆撫で系一匹狼、もしくははぐれザル」と名づけて面接を続けていたのだが、面接を始めて四年目のある回、くしくも狼の人形を使ってある物語が展開した。

旅をしていた子ども狼が、別の旅をしていた親狼を大砲で撃ってしまう。親狼は一命を取りとめ治るものの、自分の名前以外の記憶を失っている。そこへ子ども狼がやってくる。久しぶりの再会。だが、親狼はその名を忘れているので声をかけられない。しばしぎこちないやりとりがあったのち、子ども狼は「あんたが僕を産んだんだよ」と言い、それまで自分が集めたいろいろな武器を見せる。「昔からお前は武器で強くなろうとしていたね」と少しだけ記憶を取り戻した親が感心すると、「そうだよ、だって小さいままじゃ勝てないから」と子どもは答える。そして、生きるために必要な品々を親に与え、自分は去って消える……。

私としては印象深い話だった。親子別々の旅、親を殺めるほどの気持ち、しかしやはり親に提示したい、小さいなりの努力と培ってきた力、そして親とは別に生きていく決意……多様な解釈が成り立つにせよ、これは彼がたどってきた心情の一端を表していると私には思われた。報告者である私は、物語の展開をそのまま示すことで彼の声を伝えようとしたつもりなのだが、この物語を聴き終わるやいなや、その先輩が言った。

「でもさ、これって半分以上はお前のストーリーじゃない?」

一瞬、私は何を言われたのかよくわからなかった。私が誘導したということ? たしかに私はこの時「親狼役」だったし、彼のこころの世界に対する一定の想像はもっていた。でも話は導かれるように進んだのであって、私が誘導したつもりはない。それが可能だったとも思えない。第一どうやって?

しかし一方、「たしかにこれは自分の見たいストーリーでもあるよな」とも思った。むしろ、それで胸にあった少しの違和感に合点がいく気がした。言われてみれば、私はプレイの最中もかすかに感じていたように思う。印象的な展開に高揚しながらも、これはなんだか「できすぎ」なんじゃないか……と。展開していく物語を理解し共演するのに私の中で無理はなかった。しかしそのぶん、話が予定調和的に運びすぎているのではないかという、小さな引っかかり。私がその子に対し、親と一定の区切りをつけ、小さいなりに力を培ってしぶとく生きていってほしいという願いを抱いていたことは否めない。とすれば、たとえ無意識的にではあっても、やはりそういう私の声が彼の声を誘導してしまったのだろうか？

誘導という言葉にはとくに賛意を示さず、先輩はこう付け加えた。

「まあ、こういうストーリーに付き合ってくれるというのがこの子の進歩なのかもね。成長って、大人の願いや意思を受け入れてそれに沿って生きてみる、という面もあるわけでしょ。とくにこの子は周囲が差し向けるものを受け入れられなかった子なんだし」

私も誘導という言葉は少し違うような気がしている。ならば私の声はどのようにして彼の声に響いたのか。それは今もよくわからない。だが、指摘には頷くことができる。私はその時あらためて思ったのである。私たちが聴いたと思っている「相手の声」は、多かれ少なかれこういうもの――単に胸の内にある何かの発露なのではなくて、自分と相手との間に生じる「今」の力によって生成するもの――なんだろうな、と。

では、その子自身の声というものは「ない」のかと言えば、それはやはり「ある」と思う。少なくとも「ないとは言えない」と思う。ただ、そういう「声の成り立ち方」というものを踏まえておかないと、肝心の声の核を聴き誤るような気がする。当人が直接語るのを聴く場合だってその可能性があるのだから、他人が聴取した声を聴く場合はなおさらである。

他人から間接的に子どもの声を聴く場合、その声は実際には「代弁者」の声や筆によって語られている。彼が語る言葉の多くは子どもによる表現そのままではない。そこでは「代弁者」の理解、解釈にもとづく「翻訳」や語彙の改変、取捨選択など、一種の「編集作業」が程度の差はあれ必ず行われている。仮に子どもの振る舞いや言葉そのものが提示されたとしても、それは「代弁者」が理解したことをより効果的に伝えるための「引用」である。これは原理的にそうなのであって、このこと自体はとくに害悪ではない。それどころか、そうすることで当人より効率的、効果的に声を伝えられると期待できるからこそ「代弁者」の存在意義があるのだと言える。

しかしうっかりすると、本来の機能とはあべこべに「子どもの声」に「自分の声（言いたいこと）」を代弁させてしまう場合も（同僚批評から学説・政策の主張までさまざまな水準で、どれくらい意図的なのかはともかくとして）ありうるのではないか。論文における文献の引用が自分の言いたいことを補強するためになされるように、あるいは「これが国民の声だ」と双方が同様に主張し、他を批判してやまない議会みたいに、「子どもは（あの職員のあのかかわり方について、前にいたあの施設について……等々）こう言っていたぞ」「これが子どもの声だ」と。そして、聴く側もついそれを忘れがちになってしまうのではないか。

だから、表明された「子どもの声」をまずは丸ごと大切に聴くという姿勢はもちつつも、同時に「自分の声」をはじめ、聴き取り、届ける人自身やそれをとりまく文脈・状況全体にも耳を傾けていたいと私は思うのである。もちろん、声は多重に響いているからやはり「一筋縄ではいかない」が、それでもなお。

山道を引き返す

児童養護施設で仕事をすることになった当初、子どもたちの入所に至るまでの記録を読みながらまず疑問に思ったのは、「この子たちはどうして発病していないのだろう?」ということだった。「発病」とは、精神科的意味でのそれである。今思うとずいぶん偏った疑問のようにも思うが、当時の私はごく普通に、何の衒いもなくそう考えたのだった。これには、かつての研修先であった精神科病棟の影響もあったかと思う。

私が研修していた病棟は、七、八割が児童・思春期の人で占められる、精神科病棟としては珍しいところだった。なかにはまだ一〇歳に満たない人もいた。そのような年齢の人がなぜ入院治療が必要なほどの状態になるのか。精神医学の歴史の中で、発病のメカニズムについては当然さまざまな議論がなされていたはずだが、今以上に知識のなかった私は、ほとんど次の一点に意識が集中した。つまり、彼らが人生のごく早期から周囲の人や環境との間に相当苦しい不調和を積み重ねてきたようであること——それは必ずしも親や環境のせいという意味ではなく、結果的に本人の主観に映る体験として、という意味だが——である。私自身の偏りもあったかもしれない。だが、その病院の医師たちがものを書いたり話したりする際、そこに一番力が込められていたのも確かだと思う。

そのような発病プロセスの青写真を片手に、翻って児童養護施設に入所してくる子どもに目を向けた時、彼らの生育歴（遺伝的負因も含めて）も決して引けをとっていないと思われた。この中の相当数が発病したっていいはずだ、くらいに思ったものである。しかし、大部分はそれなりに学校に通い、普通に近い生活をしているではないか。低学力や多動、乱暴な言動などでとかく「お騒がせ」になりがちではあるものの、それでも日常のサイクルにそこそこ乗れている子のほうが多い。私にはむしろそれが不思議であった。私はこんなふうに考えてみた。

「ここ（施設）での毎日の生活に治療的因子があって、発病過程が抑止されているのではないか」

発病にまつわる「保護因子」や「レジリエンス（病を跳ね返す力）」についての検討が今ほど活発ではなかったにせよ、われながらまあ単純に考えたものである。しかし今でもこの側面はもう少し評価されてよいと思っている。何かと批判の多い施設養育の現状からすれば、「生活の中の治療的因子」を声高に喧伝するわけにもいかないが、それでもそれはあるところにはある。いや、その気になりさえすれば、生活の端々にそういった要素を見出すことができるし、そっと作り出すことだってできるはずだ。私はそう考えてこの仕事に携わってきた。

そんな要素の一部になれたかどうかわからないが、子どもの状態に関して、個人的に緊張から安堵への道のりをたどったことはある。

私はある中学生と毎週散歩をしていた。彼は「気は優しくて力持ち」的な癒し系キャラの人気者であったが、私には少し気がかりがあった。話のふとした瞬間に「もうあきらめてる」という空気が動かしがたく漂うのである。事実として、勉強も運動も真面目にやっているわりには評価されなかったのは確かである。だが、その時、私の脳裏に浮かぶのは彼の生育歴だった。彼は三歳以前は非常に乱暴で、何かあると奇声をあげて家中を走り回る子だったという。しかしその後大人しい子になり、一方、急激に太りだした。親の再婚と身体的虐待が始まったのもそのころだったという。「この人はこのころ何かをあきらめたのでは？」私にはそう思われた。養育環境の好転がとくにないのに、それまでの「問題ある幼児」が一転して「大人しくていい子」になるというのは、少ない経験ながら病棟の症例で私が学んだ看過できないトピックの一つだった。加えて、ある授業中カッターで手首を傷つけたという出来事があったそうだが、「ちょっとふざけて」と本人が語る雰囲気に包まれ、それがさしたる話題にもなっていない点が私の懸念を強めた。

散歩を始めたきっかけは、その少し前から体重の増加が止まらなかった彼が「このままだと動きづらい。運動したい」と言い出したことだった。地味なことを続けるのは彼の美徳でもある。歩きたいコースと時間帯を彼に決めてもらい、私が付き合うことにした。

歩きながら彼が語るのは、たいていは夕飯の献立など他愛もない話だった。だが、しばらく回を重ねると季節柄日が落ちるのも早くなり、その暗さに導かれるように幼子のような不安が語られるようになってきた。

「あの階にはマフィアが住んでいるんだって、早く通り過ぎよう」「ＵＦＯが来て宇宙人に何かを埋め込まれるって話、知ってる？」「あ、黒猫！　縁起悪い動物見たな……」

笑い話にしきれないのは、覆いかぶさってくる不安をどこか本気で恐れている節があると思えたからである。「もし今、大地震が起きたら?」「飛行機が墜落してきたら?」なども、日ごろの穏やかな彼ばかりを知る人からすればなんでもない戯れ言だったかもしれないが、繰り返し聞く私には世界の不吉な予兆の感受のように思われた。秋が深まり、同じ時刻に歩いても空には星が見える季節になると、「あの落ち葉が血に見える」「オリオン座は嫌だよ。嘲笑っているように見える」などとも語った。私の中をロールシャッハの解釈仮説が怪しく通り過ぎていったが、私は低く「ああ」「うん」「そうね」などと頷くばかりだった。

散歩を始めて一年が過ぎるころ、次第に彼の口数は少なくなり、一緒に歩いている時の空気も重々しいものになっていった。「昔は明るかったのに。俺、変わっちゃったのかな」と語ったのは高一の秋である。私はその重さを感じて薄氷を踏むような思いであったが、やはり口数少なく彼の横を歩き続けた。この間、担当職員には折に触れ私の気がかりを話してきたが、幸い、担当職員は重すぎず軽すぎず受け止めてくれて、他の職員とともに「何はともあれ生活をきっちり回すこと」に専心した。彼の食べられない食材を極力使わない献立を作り、使わざるをえない時には他の食材で別の一品を作った。苦手な洗濯が滞らないよう尻を叩き、洋服の購入に一緒に出かけ、身繕いを気にかけ続けた。

少しずつ一緒にいる重さが和らぎだしたのは、それから半年ほど経ってからだろうか。同じように歩きながらも、空気はたしかに違うものになっていった。きっかけはよくわからないが、学校で各種資格を取得し始め、バイト先でも真面目さが評価されだしたのは大きかったであろう。彼は時々赤点をとりながらも三年で高校を卒業し、在学中に得た資格をもとに就職した。それまで私との散歩も続いた。

私たちのかかわりがなかったら、彼は発病していただろうか？　あるいは私の懸念などまったくの的外れで、何もしなくても同じようなものだったろうか？　そうであるとも、そうでないとも、私に絶対的な証明はできない。だが一般的に言って、私たちの毎日の生活は、実はひそかにたくさんの予防や治療をしているのではないかと私は思う。本来、発病の可能性がゼロの人間など一人もいない。かつて精神科医の中井久夫先生は治療過程を〝山に登ってしまった〟患者と下山をともにすることに喩えられたが、その謂いに倣えば、私たちは誰もが皆、発病への山道を途中で引き返したり引き返しきれなかったりで、その時々の状態に至っているのであろう。いわゆる健康な人は、きっと「何か」によって引き返すことができただけに違いない。だから私たちにできるのも、子どもたちにとっての「何か」であるよう努力するくらいのものだと思う。ただ、「何か」によって引き返したことは現象面から見れば「平穏で何事もなかった」にすぎないから、とくに治療成績としてカウントされることはないし、そこに与った「何か」が手柄として認識されることもない。

もちろん、私たちの毎日の生活は、ひそかにたくさんの病や問題を胚胎するものでもある。仕事としては、すでにある「何か」を呑気に主張してばかりいるわけにはいかない。不備の吟味も必要である。だが、何か事が――病に限らず問題の顕在化全般と言ってよいが――起こると「これがなされていなかった」「あれが足りなかった」という面ばかりが取り沙汰される気がして、なんか不公平だよなあと思わなくもない。だから時々は、こんなふうにあえて逆の側面を強調したくなってしまうのである。

「現場」はどこだ

私のこの小文は、「こころの現場から」というコーナーに寄せられている。つまり、私は「現場の人間」だということになる。そう見なされることは、私としては喜ばしいことだ。かつて、「事件は会議室で起きてるんじゃない。現場で起きてるんだ！」と主人公の刑事がお偉方に一喝する場面が話題となって結構売れた映画があったが、私もああいう台詞を一度でいいから言ってみたいものだと思って生きてきた……というのはウソだが、私は、たぶんつい頭でっかちになる傾向の反動もあるのだろう、昔からずっと、現場の良き実務家でありたいと願ってきた。そして今、私は児童養護施設の心理職として生計を立てている。だから「見なされる」もなにも、客観的事実として、私は「現場の人間」以外の何者でもない……はずである。

しかし、他ならぬその児童養護の領域において、私（もしくは心理職）は時として「現場」の埒外に置かれることがある。例としてはこんな具合になる。

例①：研修で知り合った他施設の生活の担当職員（子どもと起居をともにし、日々の養育にあたる職員）の方と話をしていた時のこと。わが施設から無断で飛び出し、もう一週間にもなる高校生女子について、私がガッカリした心情やその身を案ずるようなことを話していたら、「あれ、内海さんも現場もってるんだっけ?」と言われた。

例②:多職種合同の事例検討会にて。最近少し乱暴さ加減が増してきた小学生男子について、他施設のある心理職の方が「それは現在の生活環境の安定性を信頼し始めた証かもしれない。そういう行動を〝出せるようになった〟という目で少し待つ必要があるのでは」との見解を示したところ、別の心理職の方から「でも、それって現場の職員に受け入れられますかね」との意見が出た。

要するに、児童養護の世界においては、「現場」という言葉はあくまで「生活の担当職員が子どもと生活し、やりとりをする場」を指すのであって、心理の面接室やそこで起こる展開などは「現場」には入っていないのである。当の心理職ですらそういうふうに使う。これは私の周辺の話だが、こういう語感や用法は、その心理職が生活にかかわっている度合いや職種間の協働の質にかかわらず、おそらくどこでもそう大差ないだろうと思う。こうした用例に出くわすと、そうか、俺は「現場の人間」ではないのかと、私の中のあらまほしきアイデンティティはいくぶん傷つくことになる。しかし一方、それはそうだよなとも思う。なにしろ、児童養護施設の中心機能は子どもと大人が生活し、育っていくことなのだから。

それを思えば、「現場」が生活の場を指すことはむしろ当然と言える。そして、生活というものは待ったなしだし、生々しい。毎朝おねしょ布団の後始末をしたり、凄んで悪態をつく中高生と取っ組み合わんばかりのやりとりをしたり、地域での万引きや学校での暴力などの苦情対応に奔走したり。仕事だと言ってしまえばそれまでだが、しかし連綿と、こまかく果てしない具体的行為を同時並行的に行っている職員からすれば、小さな部屋の中でお話だか遊びだかをやっている心理職の領分に「現場」感を見出さないのは当たり前かもしれない。私としても、主戦場の最前線ではないところにいるうしろめたさのようなものがなんとなくあって、自分のやっている面接を「こっちだって現場なんだ」などと安易に言うことは——たとえそれが複雑で生々しく、意味あるものであったとしても、少なくとも「現場」の職員に対しては——憚られる。

そんなわけで、私は職業的身分としては「現場の人間」でありながら、どこかしら「現場」の声を気にしているように思う。平たく言えば、「こっちの大変さをわかりもしないで、勝手なこと言うよな。なんなら、この子と住んでみる?」といった声だ。実際、他施設のある方から、心理職への一般論としてそのような意味合いのことを言われたことがある(一般論に託して実は私に言ったのかもしれない)のだが、当方としても「その大変さ」をわかり尽くしている自信は全然ない(永遠にないだろう)ので、そう言われても仕方ないのかな、と思ったりする。

しかし……と、ここで私はしぶとく考える。そう言われても仕方ない時は確かにあるかもしれないけれど、常にそうだろうか?

「そう簡単に言うけど、現場では……」と人が言いたくなるのは、現実というものをある「正しさ」(「子どもをあるがままに受け止めよ」とか)で十把一絡げに断ち割ろうとする乱暴な理解(無理解)に出合った時であろう。それに対する異議申し立てとして、「そうは言っても、それを実際にやったらこういうことが起きるだろうし、こういう難しさも出てくるんじゃないか?」と言いたくなるのだと思う。私も対外的には「現場の人間」の端くれであることは確かなので、私が言われたくないその台詞を、逆に職場外の人に向かって言いたくなる時がある。だからそれはわかる気がする。そして、そういう声を丁寧に拾い上げることには意味がある（「こころの現場から」があるゆえんでもあろう）。

しかし、逆の乱暴さが伴う場合もあるのでは、と私は時折感じてきた。「現場」という言葉は、時に、相手の言いぶんのこまかな機微を咀嚼せずに撥ねつけるのにも使われうるのではないか。それは自分がこの言葉を言われる時も、自分がこの言葉を使いたくなる時にも薄々感じていたことであったが、私はあるシンポジウムにおいて、そういった内心の動きを他者の姿の中にはっきり見出した気がする。

そのシンポジウムでは、大学の児童福祉の先生が児童養護施設の役割について、その歴史的な変遷を踏まえつつ述べていた。そして、複雑多岐にわたる問題を抱えた子どもたちを受け入れるのは、もはや児童養護施設には負担が重すぎるのではないか、この子は本当に児童養護施設で受けるべきなのかという問いがもっとなされてもよいのでは、と問題提起した。すると、フロアにいた経験豊富な施設の方が立ち上がり、「現場では……」と憤りをもって語り始めた。先人や自分たちが今より厳しい状況の中で、難しい子に対してでもいかに苦労してやってきたか。それをどう考えるのだ。「学者先生にはわからないだろうが」ともその方は言った。難しいから、と受け入れられなかった子はどうするのか。そういう子たちをわれわれが受けないでどうするのだ、と。

私はここで、それぞれの主張の是非を云々したいわけではない。それぞれの背後には、それを言わせるだけの重い経験や思索の歴史があるのであろう。ただ、私はその時、「現場」という言葉はもっぱら相手をねじ伏せるために使われることもあるのだな、ということを強く感じたのである。そこでは、議論を発展させてわかり合うためではなく、「わかっている自分―わかっていないあなた」という構図の中で相手を黙らせるために「現場」という言葉が機能していた。

翻ってふと視線を移すと、この構図は実はあちこちで相互に繰り広げられている気がした。施設と施設、施設と児童相談所、施設と医療機関、施設と学校……そして施設内部でも、生活の中の担当職員同士においてさえ、である。それだけ皆、ゆとりがないということなのかもしれないが、それぞれが、自分の「現場」の事情を錦の御旗として掲げ、他を「わかってない」と斬る。もちろんこれは、下手をするとそうなるということであって、常にそうなのではない。それに、まったくもって、本当にどうしようもなく「わかってない！」ことは互いにあるので、必ずしも悪いわけでもない。しかし自分も含め、「もうちょっとなんとかならんものかね」と思うことはある。どうしたものだろうか。

「目標を共有し、役割と責任を明確にし、相手の実情をよく汲みつつ、互いの専門性を尊重して」……とまあ、題目としてはこんなところが挙がるのだろう。が、そんな行儀のよい認識はどこかに吹き飛んで、「わかってない！」と断じ合ったり、しかし思い直して相手の言いぶんを少し粘って聴いてみたり、それでもやっぱり腹が立ったり、といった一進一退のさまざまな思惑が複雑に飛び交うのが、とりもなおさず「現場」なのだと言えるかもしれない。とすれば、それらをなるべくさかんに交錯させながら、どうにかやりくりをつけていくしか落ち着きどころはないのであろう。理念や指針はきちんともちつつも、実際の現場では。

「子どもはそんなに弱くない」としても

もうずいぶん前のことだが、大学院生のころ、研究室の先生や仲間たちと「治療者交代（引継ぎ）」というテーマに精を出していた時期がある。心理療法のプロセスの中で、治療者がある事情で交代する（別の治療者に引継ぐ）時、前治療者、新治療者、クライエントの間にどのような思いが交錯するのか、その心模様にはどんな意味があるのか、新旧両治療者にできる配慮や工夫には何があるか、などを探っていくのが目的だった。皆で文献を集めたり、自分たちの引継ぎ事例の経験を語り合ったり、ベテランセラピストのもとへ手分けしてインタビューに出かけたりした。拙いながら文章にもまとめた。時間はかかったが、とても勉強になったと思うし、やっていて面白かった。

「治療者交代はしばしば危機的状況を生むのに、案外、丁寧に考えられていないよね」というのが私たちの問題意識だった。クライエントにとって、セラピストは時に人生を左右する重要人物になる。クライエントにしてみれば、急に親を失い、新たな親を一方的にあてがわれるのに比肩するほどの大変な局面ともなりうる。それなのに……というわけである。実際、そのような表現で事の重大性を訴えていた文献もあった。そこでは、「親」は喪失の大きさや新たな対象と関係を築く困難を想像させるための比喩であった。

だが、その後に私が職を得た児童養護施設という場においては、それは比喩ではない。生の現実である。というより、その現実を出発点として始まるのが児童養護施設の仕事である。現在、児童養護施設へやってくる子どもの九割以上には親が存在し、多くの場合、入所後も親とのやりとりがある。そして、陰に陽にさまざまな影響を子どもに与え続ける。しかし、それでも（あるいはそれゆえにこそ）親子分離および新しい他者との関係作りという課題が難しいことに変わりはない。一時保護所や乳児院などの他施設を経て来る場合はさらに、前施設から次の施設への養育者の交代という事象もそこに重なることになる。

この「養育者交代」は、「治療者交代」の大変さのメタファーとして使われるくらいだから、当然、子どもにとって大変な局面であると考えられる（これが大変でないようなら、それこそ大変である）。関係者も一応、それはこころしている。だが、その大変さに見合うような配慮を私たちはしばしば行えずにいる。

私が勤めてまだ間もないころ、乳児院から来た二歳男児の入所に立ち会うことがあった。園長室の中で、彼は一緒に来た乳児院の担当保育士さんの膝の上に片手を置き、寄りかかるようにして黙ってソファに座っていた。うつむき加減に眉根を寄せ、心細いというより抑うつ的な表情に私には見えた。彼がこの事態をどう理解しているのかはわからなかったが、何かが起きつつあることは全身で感じているようだった。

短い面接が終わり、彼を担当することになった職員が新しい生活の場を案内する段になった。私たちは席を立ち移動したが、ふと気づくと先の保育士さんが「驚くほどそそくさと」（と職員の記録にもある）玄関に向かっており、もう帰りかけていた。そして、挨拶もそこそこにあれよという間にいなくなってしまった。はじめ、私は何が起こったのかさっぱり飲み込めずにいた。だがしばらくして、要するに、あの保育士さんは子どものつらさを受け止めるつらさから逃げたのだと理解した。私は子どもへの対応として何が正しいか間違っているかなど、本当はわからないことのほうが多いと思っている。が、これに関しては「そりゃないんじゃないか？」と強く思った。不慮の事故でもない限り、ろくに挨拶もしないお別れなんて、普通あるだろうか？

乳児院のために言い添えるが、乳児院は限られた条件の中で、時に「赤ちゃんが育つ場所ではない」などと不評を買いながらも、精一杯赤ちゃんを大事に育てようとしている。彼についての記録からもそれをうかがうことはできた。児童養護施設に移す日の作法としても、あれがスタンダードだというわけではなかったろう。考えてみれば、あの子がソファであのような表情をしていたということは、すでに相応の説明や準備があり、彼なりに一定の覚悟をしていた証と言えるかもしれない。だから、完全に騙し討ちや置き去りではなかった、とは言えるのかもしれない。しかし、どう潤色されようとも、子どもにしてみれば「いつの間にかいなくなっちゃった」ことに変わりはないと、その理不尽さは今も思う。未練がましく居続けるのがよいとは思わない。ただ、子どもにきちんと挨拶してほしかった。

こんなふうに児童養護施設では、何ができようとできなかろうと、ともかくも養育者交代がなされ、子どもとの生活が始まる。そして、入所する時だけでなく、入所してからも養育者交代はある。その事情は職員の結婚・出産・病気などさまざまだが、子どもによっては数年単位で担当者が変わる経験を複数回する場合もある。どうしてもこういうことは起こるのだ。ここでも、子どもは対象の喪失と新たな対象との関係作りという大きな課題をまた繰り返すことになる。かつて「交代」に際する心模様の複雑さ、重さにやたらと目を凝らしていた身からすると、こんな大変なことが頻繁に起こりながらもよくまあ日常が流れていくなと思ったものだが、ある時、担当者交代に伴い予想される子どもの揺れについて、職員同士であれこれ懸念していたら、一人の職員が言った。

「でもさ、子どもはこっちが思うほど、そんな弱くないよ」

たしかに、これは大事な視点だ。理不尽な離別を経験しながらも、それなりに人は生きている。世界史的規模で考えれば、それでも育つ人はたくさんいたと言えるのかもしれない。また、傷ついた無辜の犠牲者とばかり子どもを見ると、そのまなざし自体が子どもから生きる力を削いでしまうことがあると、経験的にも思う。ただ、下手をするとこの台詞は、そう変わらない現実の連続に倦んだ大人側の無力感を偽装するものとして使われかねないとも思う。ほら、だからあんまりこまかいこと考えたって大差ないよ、と。私も、そんなふうに気持ちが傾くことはよくある。しかし、「子どもはそんなに弱くない」としても、何もなしに発現する「強さ」もないのではないか。そう思い直す。

あの二歳男児の入所から数ヵ月後、また二歳の子が同じ乳児院から来ることになり、今度も似たような別れ方になるんじゃないかと職員間で囁かれだした時、先の件に関してまだ頭に血の上っていた私は、勢いあまって施設長に言いに行ってしまった。

「やっぱり、入所の日はきちんとお別れしてもらうよう、はっきり要請しておいたほうがいいんじゃないでしょうか。大事だった人が別れの挨拶もなく急にいなくなってしまっては、子どもはそれまで培ってきた関係にまで不信をもちかねないと思うんです。もちろん、何をしたって納得なんてできないと思います。でも、自分の抗議や混乱をしっかりと受け止めようとした大人の顔は、何かの形で残るんじゃないでしょうか。それでこの子の人生もずいぶん変わるんじゃないでしょうか」

入って半年にも満たない新人風情（しかも新参職種である心理職など）が職場の長にまあ生意気を言ったものである。聞き届けてもらえたのは、聞く側に度量があったとしか言いようがない。が、結果オーライとはいえ、私はこの若気の至りをわりと赦す気持ちになれる。

「それでこの子の人生もずいぶん変わるんじゃないでしょうか」などと言ったものの、私にはそれを裏づける実証的データを示すことは今もできない。けれども、私たちはそんな実証などないままに、「どちらがマシか」という基準で判断しなければならない局面のほうがずっと多いのではないだろうか。

ある精神科の先生が研究会の帰り道、大真面目に言っていた。

「ほら、今みたいにさ、道端でパッと赤ちゃんと目が合って、それでニコッと笑い合って。それでその子が将来救われる、ということがあると思うんだよね。私は本当にそう思ってる」

私もまた、そういうことはありうる、と信じている。そうでも思わないとやってられないというのもあるにはあるが、しかし、やはり結構本気で信じているのである。お前が信じているだけだと言われればそのとおりだし、それまでである。でも、信じないほうがマシだろうか？

君の名を呼ぶ

「名前を呼ぶ」という行為の意味を考えるようになったのは、ある小二の男の子と出会ってからだった。その子は私たちの施設に来てから半年以上、人の名を呼ばなかった。

人の名を呼ばない、逆の立場から言えば、相手から名前を呼ばれない、という事態は、「生活上の問題」というものが往々にしてそうであるように、一回一回は〝目くじら立てるほどでもないか〟とやり過ごせてしまうが、日々重なれば結構気になるものである。裏を返せば、名前（通称等含む）を呼び合って暮らすことは、人々にとってとくに意識されないほど当たり前になっているということなのだろう。「鈴木さん、ちょっと来て」「お母さん、今日のご飯、なに？」「太郎！　早く歯磨きしなよ！」……だから、その当たり前のことが当たり前のようになされないと、ちょっとずつ「なんだよ」という思いが堆積していく。

たとえば彼は、呼びかける方向に何人かいる場合も「ねえ」としか言わない。「ん、誰に話しかけてるの？」と聞いても指さすだけ。当然、「名前呼べよ！」と子どもたちは思う。風邪をひいても「ゴホゴホゴホ！」と明らかに自然な咳ではなく、人を呼んでいるようなのだが、一緒に住んでいる担当職員の名前は呼ばない。一言、「○○さーん」と呼べばいいのに。担当職員も当然そう思う。また、〃山田さん〃宛の電話に彼が出たとする。彼は「電話だよ」しか言わない。周りにいた人が「え、誰に?」と聞く。「や」と彼。「〃や〃?」どうしても「やまだ」までは出ない。やはり「ちゃんと名前言えよ!」ということになる。だが、いくら言っても一向に名前を呼ぶようにはならない。なぜ名前を呼ばないのか尋ねても、はかばかしい答えは得られない。そんなこんなで、彼が暮らすホーム(施設における五、六人規模の生活単位)では、名前を呼ばない彼に対する苛立ちが強まっていった。

「なんなんでしょうねえ」担当職員と私は腕組みして考えた。名前を覚えられないとは考えにくい。知的には標準域か、少し高いくらいだ。周囲に対する怒りや反抗心から、というのでもなさそうだ。むしろそういう感情とは最も縁遠いように見える。では、話しかけることへの苦手意識や抵抗感?それはありそうだが、でも話しかけること自体は苦手ながらも必要があればできなくはない。……外見はごく普通で、さしたる問題行動を起こさないぶん、彼においてはこの「名前を呼ばない」という現象ばかりが不思議な謎として浮き上がっていた。

ただ、人とのかかわり方全般を見渡せば、「この年齢にしちゃ、ちょっとね」という点も目についた。たとえば私とプラレールで遊んでいる時、何の説明もなく「早く作ってよ」と、自分の頭の中にある設計プランをわかって当然とでも言うような口調で言い、どう作るか私が言葉で確かめようとすると、「だから!」と苛立つことがよくみられた。こういうところはまるで二、三歳の子どもみたい、というのが担当職員と私の一致した見方だった。記録によれば、母親との間でも混沌とした共生関係(相互に愛玩的な赤ちゃんであり、恋人であり、庇護者でもあるような)が長らく築かれていたという。自他未分化。そんな言葉が浮かんだ。

彼はまた、同じ土俵上で相手と伍するようなかかわりから早々に降りてしまうことがよくあった。かけっこでも長く水に潜る競争でも、場が「よし、やろうぜ」という雰囲気になり始めると、彼はすかさず「審判やる！」と言って、外から眺める役回りを確保しようとするのである。さらにそれ以前に、遊びに行ったと思いきや、うまく遊べず一〇分も経たないうちに戻ってきてしまうこともしばしばあった。

他者と対等に向き合えるだけの「自分」をまだもっていないのでは？　これが私たちの一応の結論だった。名前を呼ぶと、相手の存在感を自分の身近なところに引き寄せてしまう。その生々しさに、「自分」というものの確かさに乏しい彼は耐えられないのではないか、と。だから、演出家の竹内敏晴のこんな文章に出会った時、私は意を強くしたものである。

「呼びかける、とは、まわりの人やものがいっしょくたの混沌から、ひとりの『あなた』を呼び出すことなのだ、とわたしは知った。同時に、あなたと向かいあう『わたし』が現れ出る」（「『じか』であること」『世界の児童と母性』五六号、五四―五七頁、二〇〇四）

そうか、ただでさえ「呼びかける」ことにそのような働きがあるのだとしたら、そこに名前を用いるのはいっそう生々しい「呼び出し」だろう。やはり、呼び出した「あなた」の存在を受け止めうるだけの「わたし」を育てないことには人の名前は呼べないのだ。

その後彼は、まず彼自身が数限りなく名前を呼ばれる月日をホームで重ねる中で、いつの間にか人の名前を呼べるようになっていった。また、高校生になってからであったが、それまで一人称で語りだすことのほとんどなかった彼が、「俺は……」と言うようにもなった。その時の「自分」は、確かな意志で状況を切り開いていくような力強いものではなく、相変わらずぼんやりした覚束なさを色濃く残しつつ、なのだけれど。でも、それでもいい、と私たちはさしあたりは思うことにした。皆が同様のプレイヤーにならなくたって、「審判」だって立派な参加の仕方であるには違いない。

このような経過もあるので、私は、「名前を呼ばない」ことをめぐって私たちがひねり出した理解は、概略としてはそんなに外れていないだろうと今も思っている。ただ、「名前」や「名前を呼ぶ」という事柄の周辺には、もっと深遠な世界が広がっている気がしてならない。こんな時代に非科学的なこととは重々承知だけれど、人の名を呼ばないその子についてあれこれ考える中で、私は「名前」や「名前を呼ぶこと」にまつわる魔術的な力に思いを馳せるようになった。彼の場合も、自分のしゃべる言葉に人の名前が含まれるということ自体に、なにやら言い知れぬ恐れや忌避感があるように見えた。

昔から、名前をめぐってはさまざまな物語がある。たとえばグリム童話の「ルンペルシティルツヒェン」、同じような話で日本民話の「大工と鬼六」、児童文学で名高い「ゲド戦記」、比較的最近のものでも宮崎駿監督の映画「千と千尋の神隠し」。これらは相手の名前を掌握することが相手の運命や存在そのものを握るほどの力をもつということを描いている。「西遊記」でも、孫悟空が相手の名前を呼び、それに相手が答えると、途端に相手が瓢箪の中に吸い込まれるという場面があった。似たような設定は日本の民話にも結構あったと記憶する。「名前」や「名前を呼ぶこと」は、それだけ存在の根っこに通じているということを示唆しているのだろう。

「現代日本において、子育ては社会的・共同体的な営みから個々の家庭が一身に背負う私的な営みになった。その象徴の一つが名前のつけ方である」と教わったことがある。現代の子どもの名前は、社会的な価値規範が反映されるよりも親の私的な願いやこだわりが色濃く反映され、そのぶん、善かれ悪しかれ「個性的」なものになりやすい、と。たしかにそう思う。それは家庭で暮らせなくなって施設に入ってくるような子どもたちにおいても変わらない。そこに込められる私的な思いは、社会的な支えを頼みにできない背景を抱えていることが多いぶん、むしろより濃いとさえ言えるかもしれない。

だから、事例検討会などでは伏されてしまうけれど、名前は子どもと親への想像力を広げる大切な窓口になりうると私は思っている。中卒で一〇代のお母さんがよくまあこんな難しい漢字で、読み方も工夫したものだ。どんなふうにしてこの字にたどりついたのだろう。ネグレクトだと言われるわりに、いい名前じゃないか。名づけの時にはそれなりに気持ちを傾けられたのだろうか……勝手な妄想やハズレも多いだろう。その名は、あるいは怒気を含んで呼ばれることが多かったのかもしれない。しかし、その子につけられた一つの名前について、それを大切なものとして、せめて一度はじっくり思いを馳せることは、それだけでその子を大切にしていることになるように思う。そして、そのうえでその名を呼べば、何か魔法みたいな力が働いたりしないかしら。

たぶん、働きはしないのだろう。それでも、時々はその大切さを胸に描き直して呼ぼうと思う。君の名を、呼ぼうと思う。

ここを出る時

子どもが児童養護施設にやってくるのには、当然ながら、それ相応の理由がある。親の死亡や失踪、経済的困難、病気や服役、虐待・ネグレクト……そしてそれらの複合・循環。入所の理由というものは、このように、まず例外なく「好ましくない事態」と言える。

したがって、子どもが施設から出ていく時というのは、その事態が改善して、施設で暮らすほどの理由がなくなった時、ということになる。理屈としては、一応そうなる。親の死亡や失踪が理由なら、より本人に適した別の養育環境が見出されること。経済的困難が理由なら、経済事情が好転すること。入院や収監が理由なら、退院して健康を回復したり、出所して生活基盤が安定したりすること。虐待が理由なら、虐待の恐れがなくなる見通しが得られること。

それらはたしかに事態の改善には違いない。しかし、それが「好ましい事態の出来」とまで言えるかどうかは、ちょっとわからない。私たちとしては、子どもが家庭引き取りになったとしても、「準備万端、さあ新しい船出ですね、バンザイおめでとう」といった気分になれることは、あまりない。かといって、施設で暮らし続けるほうがよいとも言い切れない。つまるところ、それは選択の問題である。良い要素、悪い要素をさまざまに勘案し、一定の覚悟をしたうえでの判断ということになる。

かつて、「身体的虐待」で入所した子がもとの家族に引き取られることがあった。病院での治療を要するほどの怪我を複数回負ったうえでの入所だったから、引き取りに向けては丁寧に段階を踏む必要があった。児童相談所での十数回に及ぶ親教育のプログラム。それを経て、児童相談所内での面会を年に数回。次いで施設内における面会。それを数ヵ月に一度から徐々に頻度を増やしたうえで、月数時間の外出。それもまた徐々に頻度と時間を増し、様子を見ながら月一回一泊の外泊。間隔を狭め、泊数を延ばし、長期休み中の複数泊。この間、子どもには施設内で週一回の心理面接を実施した。そして、施設内や外出・外泊時の様子を持ち寄って、家族、児童相談所、施設の三者で協議を重ねた。そして引き取り。ここまで四年半。

これは、このような入所の経緯をもつケースとしてはかなり丁寧にやれたほうだと思う。親は児童相談所に対しては恫喝的な態度で引き取り要求をする時期もあり、必ずしも順風満帆とは言えなかったにせよ、このように親が養育の意思と関係機関とのかかわりを定期的に持ち続けられたこと自体がまずもって上出来というべきだった。さて、では家庭引き取りの判断基準は、親がもう子どもを殴る恐れがなくなり、子どもが安心感をもてるようになったから、であったか。

そうである、と一応は言える。しかし、殴る恐れをゼロと見積もり、子どもの安心感を一〇〇％と見積もったかと言われると、「いや、そこまでは……」と言わざるをえない。親のカッとなる傾向や経済状態の不安定要素は依然あったし、子どものほうも、親元へ戻ることを喜びつつも萎縮傾向はまだ認められ、また、他人を苛立たせてしまう独特のしつこさも残っていた。もしこれで再び子どもが怪我をするほどの暴力を受け、それが報道されようものなら、「これだけの不安要素がありながら、なぜ!」「見過ごされた子どものサイン」などといった見出しが躍ったろう。

しかし、それでも私たちには、それまでの経過の蓄積からそれなりの勝算があった。何より、家族が困惑状態を抱え込まず、すぐこちらに相談してくれるようになった、という間柄に信が置けると思われた。だから、山あり谷あり波風は立ちつつも、この子はもう「この親、このきょうだいの一員」という意識を根づかせ、それを土台に成長していくほうが長期的にはよいと考えたのである。もちろん、安心・安全はその前提である。しかし、それが完全でないのなら子どもは家庭にいてはならない、となった時、この世の中で家庭に残る子どもはどれほどいるのだろう? 誰もが皆、一定の危機を含みこんだうえで、他の手助けを得ながら、全体が破綻しない程度にやりくりしているのではなかろうか。むろん、事はすべて程度問題なのだろうけれど。

こんなふうに考えつつも、先に述べたように、私たちも能天気ではありえない。引き取られる直前の面接の際、私は、何かあった時には電話できるようにと、施設の電話番号を書いたメモを、やや複雑な表情の子どもに持たせた。のちに施設長に「テレホンカードはつけた?」と問われ、自分の手抜かりに気づいたが、近ごろは公衆電話を探すのも一苦労かもしれない。だが、そこはなんとかしてもらうしかない。

引き取り後、年に数回「この子とはもう限界」と親から電話がかかってくることがあった。話を聴くだけで済む場合もあったが、一定期間、親子双方の頭が冷えるまで施設でかかわることもあった。本人の人とのかかわり方は相変わらず拙かった。学力的にも、うーむ……。衣食住や学習環境の面では、まだ施設のほうが好条件であったろう。でも、しかし……。帰ったのが「正解」だったのかどうか、その答えは、いつ、何を基準に出したらよいのだろうか。当の本人はどう評価するのだろう。今は、五年後は、一〇年後は……。

ところで、冒頭には挙げなかったが、子どもが児童養護施設にやってくる最も根本的な理由《わけ》は、彼らが「子どもである」という、まさにそのことによる。親が死亡しようが蒸発しようが、経済的に破綻しようが暴力をふるおうが、その時の「子ども」がもう社会的に大人なら、彼らは児童養護施設には来ない。彼らは子どもだから来るのである。したがって、もう子どもではないと見なされると、施設にいる理由はなくなる。児童福祉法では、それは原則として一八歳である。

「稽古不足を幕は待たない」と言ったのは誰だったか。一八歳になれば、かつて入所理由だった事態が好転していようといまいと、また、本人がどれほど成長していようとしていまいと、彼らは原則として施設を出ていくことになる。もちろん、十分な稽古をし尽くしてから大人社会の舞台に立つ人など誰もいないのだが、それにしてもなあ、と思うことはある。

一方、せっかくまだ子どもでいていい年齢なのに、ほとんど施設を見限るようにして出ていってしまう子もいる。早すぎる妊娠、出産。早すぎる「自立」。まるで施設にいる理由を自力で消そうとしているみたいに見える時もある。自分はもう子どもではないのだと、それを証明するのが目的であるかのように、舞台の幕をみずから切って落とす。この時、彼らに稽古不足の自覚はあるのかないのか。

ともかく、どのような形にせよ、子どもがここ（施設）を出る時には、多かれ少なかれ気がかりが残るものである。気がかりの中で願うのは、稽古は種々不足しているだろうけれど、一つ、人と自分を信じて助力を求める稽古が多少なりとも積めていることである。それさえあれば、そしてうまく人とつながれさえすれば、「失敗」はただの失敗ではなく、「経験知」に向けての契機となりうる。だが、まさにそれこそが不十分なままに出ていく子が少なくないことを、私たちは否定できない。

だから、私たちは「あの子、どうしてるかな」とつい思うことになる。しかし、こころの中で思っても、口に出すのをちょっとためらうことがある。というのは、まことに妙なことに、それを口に出した途端、電話が鳴ったりするのである。たいていそれは悪い知らせで、つい先ごろも、軽犯罪を犯して勾留されたあとに行き場がなくなったという子や、在園時にはできたバイトさえ続かず、抑うつ的になってしまった子について立て続けに電話があった。私たちの職場用語ではこういうのを「電波が飛んだ」と称したりする。「だから、口に出しちゃダメなんだってば！」うっかり言ってしまった職員は、呼び出しの呪文を間違って使ってしまった魔法使いみたいに文句を言われる。もちろん、そんな知らせでも、ひっそり孤独に破綻されるよりはいい。

そんなわけで、職員は出ていく子どもたちに、「いつでもおいで」と言いながら「もう来るなよ（そこでうまくいきますように）！」と思い、「いつでもおいで」と思いながら「もう来るなよ！」と言ったりしている。思うに、この二つの言葉はそれほど矛盾してはいないのだ。

「楽しみなことは、なに？」

この「こころの現場から」というコーナーに拙文を寄せるのも今回で一二回目となる。これまで書いたものを私は時々読み返してみる――これはやはり自己愛的な所作なのだろうけれど、どこか犯行現場を訪れずにいられない犯人のようでもある――のだが、どうも似たような感じのことばかり書いている気がする。同じ人間が書いているのだから、ある程度は仕方ないかもしれない。現場について書くということは、私がそれをどう見ているか、私がそこにどうかかわっているかを表すことに他ならないであろうから、題材は違えても結局は今の私の何かを映していることになる。「今の私」の幅は残念ながら広くない（と言うか狭い）ので、テイストは似通ったものになってしまう道理である。

ただ、読む人が違えば「似通っている」と感じるポイントも私とは多少違うかもしれない。自己評価と他者からの評価の間には常にズレがあるように（もっとも、私の文章を続けて読むような人が私以外にいればの話だけれど）。それでも、誰がどう読んでも「こういうことは書いていないよね」と確実に同意されるであろうことがある。私はもうしばらく前からそれに気がついていた。そして、「本当はこういうことが書ければな」と思ってきた。しかし、題材も筆致も思うようにはならず、書けないままでいる。それは、「この仕事をしていて楽しいこと」や「児童養護施設で起こる面白いこと」である。これに気づいたきっかけの一つは、小五の女の子とのプレイセラピーだった。

もう一年くらい前になる。そのころ、その子と私は共通のお題で絵を描くのが毎週の習いとなっていた。彼女は学校や施設生活への適応は実によく、むしろよすぎるのが気になる子だったので、絵という非現実的な要素も盛り込める媒体を使いながら、思考や想像力を少しのびのびとさせられたらいい、と私は思っていた。もともと彼女がやりたいと言い出したことだったし、「最近食べた美味しいもの」や「好きなキャラクター」などを描きながら、やや緩んだ気分を一緒に味わえるのもいいところだと思っていた。

毎週のお題は交互に出していたのだが、「夏に楽しみにしていること」というこの日のテーマに私は窮した。夏、楽しみにしていること、楽しみにしていること、楽しみ、愉しみ、たのしみ……あれ？ 私は少し焦った。何も出てこない。再び考えてみるが、やはり思いつかない。さらにしばらく考えてようやく出てきたのは、一日の仕事の終わりに飲むビールだけだった。おい、俺の楽しみって他にないのか？ 私は自分がビール以外に人生の楽しみをもたないつまらぬ人間のように思えてちょっとショックだった。ついでに言えば、これは私が出した題なのだった。自分で気楽に出しておきながら何も出てこないという予想外の展開に、私は冗談抜きで慌て、「うーん、楽しみが思いつけないって、ちょっと寂しいなあ」と隠しようもなく言った。

「じゃあ、海は？」「映画は？」〝適応的〟な彼女はなにくれとなく助け舟を出してくれたが、私としてはやはり一日の終わりのビールが一番正直なところのように思えたので、結局、海辺の日の入りを背景にした缶ビールを描いた。彼女は「内海さんもしょうがないねえ」みたいな顔をちょっとだけして、夏休みの宿題で作る予定の料理を描いた。

これ以降も、はて、私は何を楽しみとして日々を生きているのかしらと時々考えてみるのだが、やはりあまりぱっとした答えは出てこない。まがりなりにも一日の大半は子どもに関する仕事をしているのだから、「子どもの笑顔」や「成長していく姿」や「自立して立派な姿を見せてくれること」など、仕事上の張り合いなりやり甲斐なりが出てきてもよさそうなものだが、違う。そういったものは、少なくとも日々の自分を支える楽しみとしては出てこない。あら、自分は仕事の中に楽しさを見出してはいないのか？　そういえば……と、だいたい以上のような次第でこのコーナーにも「楽しいこと」や「面白いこと」を書いていないことに思い至ったわけである。

しかし、では児童養護施設（での仕事）に「楽しいこと」や「面白いこと」はないのかと言うと、そんなことはない。お蔭様で私もそれなりに楽しく日々を過ごしている。楽な仕事だとか苦労がないというのではない。大変なことはあるなかでも「楽しいこと」や「面白いこと」は見出されるということである。ではなぜ、私はそういうことを書けないのか。

それは、私の一日いちにちを支えるもののほとんどは、あまりに断片的かつ瑣末で、書くのが憚られるほど愚かしいことばかりだからである。それをとらえきる筆力が私にはない。「そういえば、この間の見学者が持ってきた手土産のお菓子がまだ事務所に残ってたよな、よし」とか「一区切りついたらコーヒー淹れて手の空いている人をつかまえてしゃべろう」とか「今日はよく晴れて気持ちがいいな」とか、まあそういうことである。なかでもおしゃべり。私たち職員は、基本的に子どもの話ばかりしている。深刻な重い話もたくさんあるが、それに負けず劣らず、子どものとんちんかんな言動や腹の立つ傍若無人な所業の数々などを飽かずしゃべり、愚痴り、時にはモノマネを交えたくだらないネタで盛り上がっている。これはこれで、子どもへの持続した関心やこまやかな観察眼、情動をも含めた憑依能力がないとできないし、子どもの姿を共有する意義もあるので、こういったことを「子どもをバカにしている」とか「子どもの権利侵害だ」などと言わないでもらいたいものだが、些事と言われてしまえばまあそうかもしれない。

もちろん、「子どもの笑顔」や「成長していく姿」や「立派な姿を見せてくれること」などの楽しみがまったくないと言えば嘘になる。私だって子どもの笑顔は嬉しいし、成長を見るのは楽しいし、立派な姿を見せてくれれば励まされる。しかし私の日常は、そういった大きな（?・）「仕事上の成果」によって支えられているわけではないように思う。少なくとも、一日単位で考えた場合、私は小さな「くだらないこと」のほうにずっと支えられている。

逆に言えば、「仕事上の成果」など、そうそうあてにできないからこそ、今日一日を乗り切るための小さな事柄に頼みの綱を見出そうとするのかもしれない。実際、仕事上出会うものとしては、笑顔より悪態、成長より停滞（「ああ、またか」）、立派な姿より残念な姿のほうがずっと多い。なのに、そういうものを日々の支えになどできるわけないではないか。

暴力や暴言が爆発しては職員が止める、小学生男子とのこの不毛な繰り返しの果てにいったい何があるというのか、就職する意欲や能力がないまま一八歳を迎えたこの子を退所後どうやって社会に着地させるのか、これだけ話し合いを重ね、労力を投入してきたのに結局足並みをそろえられそうにないこの子の親と、今後いったいどういう協力体制が作れるのか……先の見通しがききにくい状況の中で、ともすると私は視界を「今」に絞りたくなる。

「こうあってほしい姿」と「現在の姿」の懸隔ばかりを考えるのはやめよう。もちろん、仕事として果たすべき社会的役割を度外視するわけにはいかないけれど、とりあえず今日一日を精一杯充実させれば、まずはそれでいいじゃないか――どうも私はそのように考えたくなる性質《たち》のようである。

でも、これは私だけだろうか。昔から、聖書にだって「明日のことを思い煩うな」とあるではないか。「明日は明日みずから思い煩わん。一日の苦労は一日にて足れり」と。だから、一日の終わりに飲むビールをいかに美味しく飲めるか、そのことを一日の仕事の目標にするのも、そんなに悪くはないのかもしれない。「どこかに美しい村はないか／一日の仕事の終りには一杯の黒麦酒《ビール》」で始まる、茨木のり子の「六月」という詩があるが、あの詩の中の村人たちが「大きなジョッキをかたむけ」て飲むビールは、本当に美味しそうだ。

さて、一二回目もまた似たような感じのことを書いてしまった気がする。仕事に伴う困難なんて、そんな当たり前のものは涼しい顔でつるりと飲み込んで、それをも含めてどこか「楽しいこと」として書ければとは思うのだが、「今の私」が映される以上、そういう日はまだ当分来そうにない。

周辺の厚み

学校には先生がいる。病院には医者や看護師がいる。では、児童養護施設にはどんな人が働いているか？　学校や病院と違って、児童養護施設は人生で誰もが接する機会をもつというような場所ではないから、明確な像は浮かびにくいかもしれない。それでも、子どもと生活し、世話をする大人がいる、くらいのイメージはもつであろう。そして、それは正しい。児童養護施設はそういう人がいなければ成り立たない。

ただし、それだけでは成り立たない。どんな子育てもそうであるように、児童養護施設での子育ても、中核となる養育関係をとりまく周りの支えがなくては、中核はそのよさを十分に発揮できない。「周辺の支え」のあり方は施設によってさまざまだろうが、どういう形にせよ、それは必要である。私たちの施設の場合、「支援のおばさん」と呼ばれる数名の方々がその主翼を担っている。

支援のおばさんの基本業務はホーム（五、六人規模の生活単位）の掃除と夕飯作りである。掃除や食事作りはもちろん各ホームの担当職員も責任をもってやっているのだが、他の業務との兼ね合いで自分たちだけではやりきれないので、助けが必要なのである。一つのホームにつき週三、四日、日替わりで違うおばさんが入る。

おばさんたちは皆、施設の近所で暮らしている。施設ができる前からそこで暮らしていた方もいる。主力メンバーは自分の子育てが一段落したころ入職し、二〇年以上を経た今では還暦を過ぎている。なかには古希を過ぎた方もいる。入所している子どもとお孫さんが同じ学校の同級生だったりすることもある。要するに「近所の普通のおばさん」である。

そういう方が施設に出入りしている意味は存外大きい。施設は真空の中に生み出されるのではない。必ず、ある一定の歴史や文化を背負った地面の上に建てられるのである。そして、施設はただ「施設である」というだけで近隣から眉をひそめられかねない。私たちの施設も、現在の基幹機能をもつ建物が建てられる際、ご他聞にもれず難色を示されたという。これは、施設や子どもたちの厄介さを知ってというよりは、むしろ実態を知らないから起こることである。なので、事態の改善のためには知ってもらう他はない。言葉で説明を尽くす姿勢は必要だが、結局は日々目に触れる姿や道で行き交った時のちょっとしたやりとりの積み重ねを通して、ということになる。

おばさんたちは地域で暮らしてきたぶん、近所とのそういう付き合いの大切さを意識している。庭に出て草取りや掃除をすれば、行き交う人と顔を合わせ、言葉を交わす。「泣いてばかりだったあの子も、ずいぶん落ち着いたわね」「最近また、新しい人（職員）が入ったのね」「大人がああいうボロの突っ掛けで歩き回るのは、子どもにとってどうなのかしら」……近所の方たちは、私たち職員が施設の内側から想像するよりもずっと、私たちのことをよく見ている。こういうこまごまとした近所の声が耳に入りやすいのも支援のおばさんである。そんなこんなで、年末についた餅や卒業・入学時期に炊いた赤飯を近所に配る背景にもおばさんたちの気遣いと采配がある。もっと日常的なことで言えば、建物周辺の草取りや枝払い、玄関先の花など、日々の「身繕い」にもおばさんたちの気づきとさりげない手入れがある。

もっとも、おばさんたちがこれらにこころを配るのは、必ずしも「外の眼」対策ではない。むしろ、子どものために、内側の「生活の基本を守る」ことに重きがある。ゆえに、おばさんたちが気にかけ手をかけるのは、建物内外のほどよい綺麗さだけではなく、生活全般にわたる。衣類を清潔にし、気持ちよく乾かすことやほつれを繕うこと、贅沢ではなくても食材を吟味し、手数をかけたご飯を作ること。おばさんたちはこれらの繰り返しを支えるプロである。言ってみれば家事そのものなのだが、それが堅実に維持される意味は子どもにとって小さくない。かつて、ある児童治療施設の方が研究会で「洗濯を手伝うおばさんがとても治療的な役割を果たしている」と言っていたのを思い出す。「治療的とは、どういった点で?」と尋ねたら、「毎日、変わらず同じことをし続けているところ」とはなはだ明快であった。たしかに、うちのおばさんたちにもそういうところがある。

おばさんたちの存在は、ホームの担当職員からすれば家事労働の一部を担ってもらうわけだから、これはもう、なんと言っても物理的な労力の面で助かる。視覚から味覚まで、五感すべてに現実的な効果を及ぼすおばさんたちのサポートは太く力強い。しかも、家事をする過程で子どもや担当職員と場面を共有すること自体が精神的な助けにもなりうる。掃除をしながら子どもの部屋の様子を知り、料理をしながら学校から帰ってきた子どもの顔を見て、声をかける。その合間に担当職員と茶飲み話をする。そして、場合によっては担当職員と子どもとの修羅場にも遭遇する。担当職員によれば、ホームで起こる事態の生々しさや難しさを一番わかってくれるのはおばさんたちだという。心理職の私などは、いくら一所懸命担当職員の話を聴いても、しょせん事後のお話である。事後の話には事後の話ならではの意味があるとしても、事態の激しさや切迫感の感受、そして担当職員の大変さへの想像力において、私はついにおばさんたちに及ばないと常々感じている。もっともおばさんたちも、担当職員と安心して任せ―任され、さらけ出し―見守る間柄になるためには、かなりのやりとりや時間が必要だったという。「支援の道は一夜にして成らず」だったと。

これらは支援のおばさんが果たしている役割のごく一部にすぎない。ごく一部にしてこれだけのことをしているゆえに、おばさんたちは誰にとってもゆるがせにできない存在となっている。とくに一番古くから勤めている方は子どもや職員の状態を摑むことに関して独特の鋭敏さをもっているので、子どもも職員も呑気ではいられない。子どもが大人に対して横柄になっていないか、大人は本当に子どものことを考えて動いているか、などを瞬時に感じ取る。そして、人間や仕事を軽んじた姿勢を見て取り、これはと意を決した時には、相手が子どもだろうと施設長だろうと、誰もがたじろぐ真剣さで正面から対峙する。

かつて、入学式を控えた女の子のランドセルがまだ用意されていないという事態があった。この時のこの方の怒りたるや、大河の氾濫さながらであった。まず担当職員に対して、次いでこの状況を見過ごした周囲に対して。

実はこれにはちょっとした行き違いがあり、担当職員はなんとか実母から贈らせようと入学式ぎりぎりまで待ちつつ、実際の登校には間に合わせるべく店と交渉して確保はしていたのだったが、そこは「エジプトはナイルの賜物」である。部分的な反論や状況説明で治水しようなど詮無い企てである。「とにかく、この子は今、自分にはランドセルがないって、それを気に病んでるじゃない！」こうした真剣さ全体が上流から運んでくる肥沃な土壌をこそ受け取るべきで、実際、それによって私たちはしばしば子どもと付き合う気概を新たにしてきたように思う。たとえ一時的に理不尽さや苦い思いを感じたとしても、長い目で見ればたしかにそうだった。

以上、「普通のおばさん」の働きについて書き連ねてきたけれども、なにも私は「日ごろ知られることのない人に光をあてよう」などという思い上がった意図からこれを書いたのではない。ことさらな称揚は私の好みではないし、おばさんたちだって喜ぶまい。私はこの文章で、いわゆる世間的な「専門職」を付加するだけでは得られがたい「周辺の厚み」を施設が備えることの味わいと意義を述べたかったのである。

ただ、私の中に一つ、おばさんたちへの個人的な思いがあるとすれば、伝承という営為にまつわることである。おばさんたちの料理や草花に対する知識や技術、また仕事に対する姿勢などを多少なりとも受け継ぐ最良の術は、「一緒に働き、しっかり見ておくこと」であろう。しかし、そのために残された引退までの時間は、もうそんなに多くはないのかもしれない。

そういう思いから、おばさんたちについて何がしか記しておきたくなって、私は今回の文章を書いたようにも思う。むろん、書き尽くせてはいない。

夜眠り、朝目覚める時間

昔、『かぼちゃ大王』という映画を観たことがあって、話の筋はおおかた忘れてしまったのだが、物語の終盤に主人公の精神科医がある患者に語った台詞は妙に記憶に残っている。「毎朝、目覚めた時、さあ起きるぞという理由が欲しかった」――ずっとそれを探していたけれど、今、もう自分にはそれがある。君を診ていてようやく見つけることができたんだ。……たしかそういう流れだったが、私にとって文脈はさして重要ではなく、ただこの台詞だけが独立して残ったのだった。以来、私は時々思った。「朝、目が覚めた時、〝さあ起きるぞという理由〟があるとしたら、それはなんだろう?」自分にとって、また心理士として接する相手にとって。

当時の私にはそういうことに立ち止まらざるをえないような、そういう心境があったのだろう。でも、この台詞に私が吸い寄せられた理由はそれだけではない気がする。一日をどのような気持ちで終わり、またどのような気分で迎えるか、それが大切な時間帯であるということを、もともとどこかにもっていたからだと思う。人に比べて強いかどうかはわからないが、自分の中ではそれを大切にしたいという気持ちがある。

だから、心理士の数ある職域の中でも入所型施設に職を得られたのは、私としては願ったり叶ったりだった。基本的には日勤だから、ルーティンワークとしては就寝や起床時の子どもたちと接することはないが、こちらがその気になりさえすれば、そのあたりの様子は比較的容易に他の職員から教えてもらえる（逆に言えば、大切なことであるとの認識をもって尋ねないとあまり話題にもならないし、なっても聞き落とす）。また、私にも年間にして二十数泊ではあるが、キャンプ等の園内行事の関係で泊まり勤務がある。非日常性ゆえの変なテンションが加わっているので、平素の彼らを理解しようとする観点からは若干ノイズが多いと感じられるものの、それでも通常の彼らを想像する糧にはなりうる。また実際、彼らの抱えているものがいくばくか垣間見えることはあった。

ある小二の男の子は、日中は生意気な命令口調で皆から嫌われがちであったが、夜、床に就かせたあと、ミーティングに出るべくその場から離れようとした私の足にしがみつき、「二四時間ここにいて！」となかなか離れようとしなかった。口調はやはり命令的でありながら、中身は熱心な懇願だった。精神疾患をもつ親の養育困難によって入所した子で、入所してまだ日が浅かった。私は一応は彼の不安な気持ちを理解したつもりだったものの、「二四時間」の言葉を肯《うけが》っておきながら夜中目が覚めた時に私がいない、という事態で彼を裏切りたくなかったので、「二四時間ねえ……ま、しばらくはいるよ」などとお茶を濁して寝入るまでいたのだったが、そんな〝字義通り性〟に縛られた無粋なことは言わず、黙って横で寝転がっているだけでよかったなと、今は思う。

別の小三の男の子は、寝てしばらく経つとダンゴムシのようにうつ伏せになりながら丸まってしまった。それは日ごろ彼が暮らすホームの担当職員からも聞いていたことではあったが、寝袋に入りながらなおそうなってしまうのにはびっくりした。窮屈だろうに。親からの身体的虐待が主な理由で入所となった子で、体の発育も年齢に比していまひとつだった。食べ物は与えられていたようだが、安らかにのびのびと転がれる夜を過ごしていなかったと想像された。担当職員によれば、この子は日ごろ自分のベッドの周りに粘土を並べ、それをしばらくこねてから眠りに就くということだった。私がただちに思い浮かべたのは、統合失調症の急性期状態の方に粘土を握らせると少し落ち着いたという、どこかで読みかじった挿話だった。彼が統合失調症だったとは思わない。しかし、不安の水準はそれに比肩するのではないかと、彼の自助努力のあり方を聞いて思ったものだった。

子どもというものは皆、夜や闇が怖いものだ。だが、児童養護施設に入所してくる子どもの何人かの夜や闇への恐れは、護りの感覚の根づきが浅いと思われるぶん、やはり深さが違う気がする。どんな夜を過ごしてきたのだろう。大人が急に出かけていなくなり、心許ない夜を過ごしたのかもしれない。大人同士の不和や怒声が激しくなるのもやはり夜だったかもしれない。

お日様の出ている時間帯は暴言や暴力で他から恐れられる子も、日が落ちて闇が迫り、周囲の音が落ち着き静寂が増してくると、逆に臆病さが前景に出てくる場合がある。日中のしつこい騒々しさや粗暴さも、中核にある〝臆病な自分〟への過剰な防衛反応という側面があるのではと（それですべては説明できないにせよ）思う。

ある小一の男の子もそうで、ある時、彼は私との面接の時間に「まったく、困るんだよな」という風情で「どうして俺の部屋にはおばけが来るんだ？」と真顔で言った。空想がなかば現実になっているようだった。私は心底気の毒に思い、わりと植物が好きな子だったので、「バリアの種」というのをポケットから出すふりをして、大真面目に「これを部屋に植えると寝ている間にバリアが生えてくるから」と渡した。彼は喜んでこの「ごっこ」に乗ってくれて、「なかなかよく育ったよ」などと報告してくれた。しかし、そんなことくらいでは根本的な恐れはどうにもならず、高学年になった今も職員の添い寝を求めてくることがある。「バリアの種」も、時々欲しがるので渡し続けている。

一九四〇年代に寄宿制の学校で情緒障害児（「被虐待児」も結構いたと思われる）の環境療法に取り組んだベッテルハイムは、「安らかな夜の休息を子供にとり戻させることは、本校が行なう最も有意味なサーヴィスであり、時には子供の問題解決のための第一段階でもある」と述べ、子どもが夜眠りに就く時間帯の援助を重視した。彼は子どもたちの入眠を妨げているものとして、暗がりや悪夢への恐れだけではなく、「翌日に対する恐怖」や「朝再び目が覚めないのではないかという恐れ」などを挙げている（村瀬孝雄、村瀬嘉代子訳『愛はすべてではない』誠信書房、一九六八）。私は「朝再び目が覚めないのではないかという恐れ」については正直まだよくわからないのだが、漠然とした「翌日に対する恐怖」ならわかる気がする。ベッテルハイムもこれに関連して、子どもたちの朝の目覚めの時間帯が困難を伴う理由をこう述べている。

「彼らは今までにもう何度も、自信をもって新しい朝を迎えるということができなかったからである。そしてまた彼らは、暖かいベッドの中で快く安らいでいたいという気持ちや、無気力さを克服するだけの情緒的強さにも欠けているのだ」

彼の治療実践から六〇年以上経つが、このあたりの記述は少しも古びていない。先の「バリアの種」の子もまさにこんな感じであり、この子にとっても、またこの子にさまざまなことを促す職員にとっても、目覚めてから起きて動きだすまでには大変なエネルギーを要する。「さあ起きるぞという理由」をお日様の出ている時間帯の何かに見つけられればよいのだが、何があるだろう?

なかなか見つからないいものだが、なかにはこんな子もいる。ある小一の男の子は寝つきがあまりよくなかったのに、朝は早かった。彼の担当職員は中高生の弁当作りのために朝五時台に起きる。誰もいない早朝のリビングで、香りのいいコーヒーを一杯淹れてから仕事にとりかかるのが彼女の慣わしだった。彼はその時間を見計らうかのように布団から抜け出してきて、コーヒーを飲んでいる彼女の膝の上に座る。決して向かい合わせの抱っこは求めない。ただ黙ってしばらく座って、担当職員が仕事にとりかかるころ、また布団に帰っていく。私はこの話を担当職員から聞いた時、ケータイ電話が充電されている図を思い描いた。日中は挑発的な言動で小一ながら他児から総好かん状態だった甘え下手の彼が、ひそやかでしっとりとした甘えを享受するためにこの静かな時間を見つけたことを、私は好ましい気持ちで聞いていた。この時の彼にとっては、この時間が「さあ起きるぞという理由」だったのではないかと思う。

ところで、今の私に「さあ起きるぞという理由」はあるだろうか。ないでもないけれど、映画の主人公のようなしっかりと摑んだものではなくて、日ごとに替わるしょうもないことばかりなので、ここには書かない。

「大きくなること」について

のっけから私事で恐縮だが、自分の子どもが生まれてしばらくの間、私は週末になるたびに、里帰り出産した妻の郷里に通っていた。一週目、二週目、三週目……いそいそ出かけては帰ってくる繰り返し。しかし、四週目は予定を調整しきれず、行くことができなかった。一週空いて二週間ぶりの週末、妻の実家に着いたのは夜更けだった。家にあがり、布団の上で寝ている赤ちゃんを見て、私は目を見張った。それまでとは明らかに違う。それまでも、もちろん赤ちゃんは成長していた。しかし、ちょっと力加減を誤ると折れてしまいそうな手足や、「生きもの」としか分類しようのない健気な動きの印象は続いていた。だが、今目の前で寝ている子は、太股もほっぺもまるまると肉がついて、もうすっかり〝人間の赤ちゃん〟だった。

この時、私は自分でもよくわからない感覚に襲われていた。と同時に、これは妻に悟られてはいけない、とも感じていた。妻は私の横にいて、赤ちゃんを見ている私を見ている。喜ばなくちゃいけない。ここまでにするのにどんなに頑張ったことか。その人の前で、そうしないわけにはいかない。私は深部の〝よくわからない感覚〟を覆うような勢いで、「うわー！　まあ、こんなに大きくなって！」と、目一杯感激した表情をした（つもりだった）。実際、そういう感激があるのもたしかだった。しかし、それだけでないことはもっとたしかだった。

あれは喪失感だったんだ、とわかるのにそんなに時間はかからなかった。「たった一ヵ月しか生きていないのに、この子はもう、人生の一つの時代を終えてしまったんだ」と。「新生児期」という時代（それは人間が勝手に区切ったものにすぎないとはいえ）はあっという間に終わり、その時代のこの子の姿はもう永遠になくなってしまった。そして、この時代のこの子と過ごせる時間も、もうなくなってしまった。……「大きくなる」とはその時々の姿と時間を失っていくことなのだ（少なくともそういう側面があるのだ）と、私はこの時体の芯から知ったように思う。何を今さらと言われてしまえばそのとおり。でもその事実に、私は無自覚のうちに結構やられていたらしい。一年以上経って、ある時「実はさ……」と妻にその時の心境を語り始めたら、「あー、あの時ね。〝ああ、失った〟って顔してたよ」と事もなげに返されてしまった。妻の慧眼をほめたい気もするが、よほど変な顔だったのかもしれない。

こんな感傷じみた思いは大人だけのものだろうか。たしかに、子どもというものはそんなことお構いなしに、ひたすら目の前の出来事にかかずらい、翻弄されながらも体験を積み、成長していくように見える。「大きくなること」に伴う痛みなど省みてはいないように見える。しかし、では子どもはいつも「大きくなること」を楽しみにし、それに向けて邁進しているのかと言うと、必ずしもそうは言えないと思う。

何年か前、ある小六の男の子が突然大人びて見えることがあった。九月初旬のある日のことで、実際、夏の間に急速に身長は伸びていた。しかしそのような物理的な伸びの勢いとは裏腹に、少し陰が差したような印象だった。小三のころから面接（プレイセラピー）に来ていた子だったが、黒くて硬質な横顔は、それまでの幼い可愛さが残る顔とは全然違って見えた。私が少し息を飲むような思いで「なんか、大きくなった？　部屋が小さく見える」と言うと、彼は「んー、みんなに言われる」と浮かない表情で答えた。「あまり嬉しそうに見えないね……？」「んー、なんかビミョー……」

この時の彼に何が起きていたのか、正確にはわからない。この直前に何か大きな出来事があったのか、それともふとある思いにとらわれたのか、それもよくわからない。だが、私はほぼ直感的に、「大きくなっていくことが不安なのでは？」と思った。彼はこれに先立つ数ヵ月前から、時折「内海さんは大学に入るのに苦労した？」とか「どうしてカウンセリングの人になろうと思ったの？」などと唐突に尋ねてくることがあった。野球やボードゲームなど対戦系の遊びがもっぱら続くなかで、まるで忘れたころに噴き出す間歇泉のように、こういう問いが飛び出すのだった。さらにそれ以前には、「昔のことを教えてくれるロボット」を一緒に作ったこともあった。私には彼のこうした動きが、過去から現在、未来へと続く広い時間的視野を獲得していくなかで、自分はどういう考えをもち、どうなっていこうとするのか、私を参考資料の一つにしながら手探りしているように思われていたので、先のような直感をもったのだと思う。

また、これにはかつて精神科外来で仕事をしていたころの経験も与っていたと思う。ある高校生の男子は、小学生のころから年余にわたってそこに通い続けていた。彼は集団生活になじむことができず、引きこもりがちでクリニック以外の行き場をなくしていた。幼いころから思考の固さや独特の対人接触の様式があり、今なら間違いなく広汎性発達障害の診断がついただろうと思う。彼は「いつまでもこんなところに来てちゃいけないんだ」と言った。「もういい加減、立派な大人にならなきゃいけない」、そう繰り返す彼に対し、私は「ここに来ることで大人になることだってできるよ」と言い続けたが、話はずっと平行線で、ついに交わることがなかった。

「この子にとって、〝大人になる〟とはひどく怖いことではなかったか」と思い至ったのは、来談が途切れてずいぶん経ってからだった。大人にならなければ、この世での居場所をますます失っていくことになりそうだ。でも、このままでは〝ちゃんとした大人〟にはなれそうにない。……大人になることを考えるしんどさや難しさを慮ることなく、大人になるサポートばかりを単純に提示し続けた浅はかさを私は恥じた。

以来、私は子どものなかの「大きくなること」への複雑な思いに少し注意深くなったように思う。そしてその眼で見てみると、「大きくなること」に怖じ気づいたり、不安な気持ちになったりすることは、程度の差はあれ、むしろ必ずと言っていいほどあるのではないかとさえ思われた。家庭基盤の薄い子だけでなく、また発達に躓きのある子だけでなく。

児童文学者・翻訳家の清水眞砂子は、子どもの文学が自分に伝え続けてきてくれたことは、「大きくなるって素敵なこと、ということ」だったと確信に満ちて述べている(『そして、ねずみ女房は星を見た』テン・ブックス、二〇〇六)。そしてまた、子どもの文学はそうあらねばならないと。裏を返せば、そう託さねばならないほどの事態が子どもにはやはりある、ということなのだろう。――「子どもの文学は答えなければならない。これから生きようとする子どもたちに、『生きることに意味はあるか』と問われれば、『ある』と答えなければならない。……私たちは、生きてごらん、人生は生きるに値するものだよ、と子どもに言わなければならない。……人生に対する否定をどれほど重ねても、いつか肯定へと歩みださなければならない」(「モモとゲド」『岩波講座文学6 虚構の愉しみ』岩波書店、二〇〇三)。

子どもの文学ほどの力はなくても、私たち大人も、そういう「肯定の力」を練らなくてはならないと思う。「なくてはならない」という言い回しは窮屈になるので日ごろは極力使わないようにしているのだが、ここはあえてそう言いたい。しぶとくしたたかに、どこかで人生を肯定している力。子どもが「大きくなること」を恐れる気持ちに圧倒されないためには、あるいはそれを待ち望む思いが「力をつけて仕返ししてやる」などという荒みで彩られないためには、大人の側にそれが要ると思う。「否定をどれほど重ねても、いつか肯定へ」と歩を進ませるものは何か。大人がそれを問われているのだと思う。

それに対する十分な答えを私はもっていない。だが、打たれ強い肯定は、否定を知悉してこそ生まれるという事実をあらためて思い出すことは、一つの要だと思う。思い出したってどうにもならないことは多々あるだろうけれど、それによって摑み取れる現実の質が異なってくることはありうる。

最後もまた私事で恐縮だが、私は、新生児期の終わりのあの喪失感をしっかり抱きとめたことで、「大きくなること」をより強い気持ちで寿ぎ、励ますことができた気がする。それは、少なくとも私にとっては、決して小さなことではなかったように思う。

一人でいられる／いられない

「一人でいられる能力」という言葉は、一〇年くらい前の私にとっては一種の学術用語であった。それはあくまでもウィニコットの語った言葉であり、大学で教わった言葉であり、本の中の言葉であった。しかし、今の私には仕事で出会う子どもたちのことを考える際に必要な、自分の内側から出てきた感さえする言葉である。「ああ、この子はなんで同じことばかり繰り返しちゃうんだろう……そうか、この子には〝一人でいられる力〟が足りないんだな……あれ、これは昔習ったあの言葉じゃないか」といった感じで。ウィニコットが使ったとおりの意味かどうかはともかく、私たち施設職員にしてみれば、それは一人でいられない子どもたちと出会い、その対応に苦慮する中で〝立ち上がってきた〟言葉と言ってよかった。

ある男の子は小三で入所して以来、学校でも施設でも乱暴者として有名だった。朝起きるとまだ布団にいる弟にちょっかいを出し、嫌がって騒ぐと「うるせえ、静かにしろ！」と怒鳴る。手や足も出す。朝食時もテーブルの周りを追いかけ回す。担当職員の制止でようやく食卓についたあとも卓の下では脚を蹴り合う。学校に送り出すまでがまず一苦労であったが、学校に行っても当然うまくいかない。机を殴り、威嚇的な声を出す。怖がった子に「俺を嫌な目で見た！」と激し、〝仕返しとして〟机上の物を落とす。注意し、止めに入った先生を蹴り、噛む。もちろん暴言も吐く。

学校から帰っても似たようなものだった。要するに一日こんな感じということになる。喧騒がエスカレートし、職員が抱きかかえてその場から離さなければならないような時にはもう、言葉は一切受けつけない。それまでに積み重ねたはずの「いい時間」や「いい関係」も抑止力にはならない。だから、虚しさが募るので「あの時あんなにいい感じで一緒に過ごせたのに」などと思ってはいけない。「あの時」どころか「ほんのついさっき」の時だってあるのだ。逆に、静かな場所で三〇分ほど抱きかかえ、ひとたび騒ぎが行き過ぎれば一転、例の「何事もなかったかのような」笑顔と親しさでベタしてくる。こちらはその変化についていけない。収まりのつかない気持ちと相手の変化に対応しようとする気持ちの狭間で表情は行き場を失くし、顔は硬くなる。

必ずしも、毎日というわけではなかった。まあまあ穏やかと言える日もあるにはあったし、日内変動もあった。しかし、大勢としては変化があるとは言えず、小康と緊迫を繰り返すばかりの積み重ならなさの中で、私たちの間には倦んだ気分が堆積していった。だいたい、彼の気分の波とそれを規定する要因の法則性が私たちには見出せなかった。「いや、そうは言っても本人なりの理由が何かあるのでは」と、私もはじめのうちは思っていた。しかし、注意深く見ても了解できる原因は認められない。周りの動きを迫害的に受け取りやすいところはあり、本人もそこに同意はする。だが、傍目にはほとんど習性とか脊髄反射みたいなものにしか見えなかった。そんなことをしたら周囲は怒って不機嫌になり、本人にとっておよそ快とは呼べない状況になるのは目に見えているのに、火のないところにわざわざ火種を起こし、火中に身を投じていく。いや、むしろそれが目に見えるほど明らかだからこそ、その状況を出現させようとしているとさえ思われた。「世界は自分に好意を抱かない」ことを確認するかのように。それこそがしっくりくる世界であり、その中にいる自分だけが確かな自分だ、との手応えを得ているみたいに。

乳幼児期のネグレクトで衝動性の制御が身についていないから？　実母と養父の暴力的・虐待的な言動を取り込んでしまったから？　やはり根本は愛着の障害？　知的な低さや発達障害的な要素も影響している？　解離も考えるべきか？　暴れたあとの対応が彼にとっての「報酬」になってしまっているのか？　大人を舐めている？　……彼の乱暴狼藉を説明する論理はいくつもあり、それぞれに一定の妥当性がありそうだったが、私にはそれらを使いこなして有効な手立てにまで組み上げる力がなかった。しかし、それらを職員間で総合的に咀嚼する中で出てきた「結局、ヒマなんじゃないの？」という表現は案外説得力があり、考えを進めやすかった。たしかに彼は、料理や工作など作業内容が明確なものは比較的長時間黙って取り組むことができ、穏やかだった。ただし、それも大人が傍にいればであって、いないと手につかず、五分としてうまく時間を過ごせない。結果として、どうしても人に寄っていってしまう。しかも人に嫌がられるやり方で。すなわち、最も彼が得意で、確実に人を巻き込めるやり方で。「そうか、この子には〝一人でいられる力〟が足りないんだな」——かくして私たちはこの言葉にたどりついたわけである。

「どうしたら〝一人でいられる力〟が身につくんでしょうか」。ある時、私は研修会で他の職員とともに講師の先生に尋ねた。「どうして私たちは一人でいられるんでしょうね」と先生は問い返してきた。私たちは物理的には一人の時も、こころの中には人がいる。人と一緒にいた良き体験を糧として取り込み、根づかせることができているから一人でもいられる。だから、〝一人でいられる力〟と〝人と一緒にいられる力〟は同じ力の表裏。ということは、やはりまずは彼が人と上手にいられるための状況設定が考えどころですね——。そうだ、それは私にもわかっていたはずだった。そして実際、その線に沿ってやってきたこともいくつかあった。にもかかわらず、こういう問いの立て方をしたのはなぜか。そこに彼に対する私の怒りやウンザリ感が——世界に対する彼の怒りやウンザリ感のいくばくかの反映としてか——滲んでいたことを、私は気づかないわけにいかなかった。

しかし、先生と話す中で、何事につけそう簡単には根づかない子であると再認識したことは、逆説的だが役に立った。他の職員も同様だったらしい。そうだよ、だから思ったとおりにいかなくてもある程度は当たり前。それに、根づきにくいと言ったって、どうやらゼロじゃない。しょうがない、今までやってきたことも含めてコツコツやるか。

そんなわけで私たちはまた考えた。学校と話し合いを重ね、クラスでの刺激を減らすべく、個別の取り出し授業を多くしてもらった。向き合って遊ぶよりも横並びで何か形になる物を作るほうがいいことは経験的にわかっていたので、それをさらに定期的なプログラムにして増量し、表で可視化して彼に示した。また、寝る前のわりと穏やかな時間帯に毎晩一〇分程度、枕元で今日の出来事と明日の予定確認を軸に話をすることにした。服薬を含む医療対応も続けた。

こういったかかわりは、現実的な限界設定の提示が基本前提となる。それなくして人間関係だけでどうにかなるなど絵空事である。今後人を傷つけたり物を壊したりした時にはどうしなければならないか、実母と養父、本人、児童相談所を交えて繰り返し話し合いをもった。

十分とは言えないにせよ、こうした営為は無意味ではないと私は思っている。彼も定期的な活動や枕元での話を心待ちにしたり、その中で「今、困っていることは？」との問いに「しつこくしちゃうこと」と言ったりするようにもなった。だが問題は、いつまでこれを持続できるかだ。彼の中にしっかりと人（が媒介する世界の安定感）が根づき、〝一人ぼっちではない一人〟を生きることができるようになるのはいつの日か。芽生えた認識が行動の制御や新しい行動の獲得にまで届くのはどれくらい先か。それまで私たちは互いに破綻せずにもつのか。そもそもそれは可能なのか？

程度の差はあれ、こんなふうにこころに人が根づきにくい子が児童福祉施設には稀ならず来る。なかにはもう、そんなことは端から期待していないような子（現象的には「一人でいられる」が、それはそれで別の難しさがある）もいる。わが施設の三〇年選手の方々は「昔のほうがよかった気がするな。ま、私らはもう終わりだからいいけど。頑張ってねー」と言う。そう言われてもなあ。

何をどう頑張ればいいのか私には十分見えないが、まずは大人が「一人であって一人ではない」二重性を生きる中で力を合わせ、ウンザリしない（しきらない）体制を維持することが大切かとは思う。もちろん「行うは難し」ではあるけれども、アルファにしてオメガかもしれない。

「さようなら」

「ありがとう」や「ごめんなさい」は、大人が子どもに教え込もうとする人生の基本だろうが、基本というものがえてしてそうであるように、簡単なようで難しい。「ありがとう」も実は曲者で、素直に言えない場合は結構あるように思うけれど、やはり「ごめんなさい」が難しい。私もあまり人のことは言えないが、日ごろ接する子どもを見ていてそう思う。

例①：ある中一の男子が室内でボールをバウンドさせていた。「この部屋狭いからさ、やめたほうがいいよ」と軽く諭すが、パッとやめるにはタイミングが悪かったようで、彼はそのまま続けた。とくに反抗していたわけではなかったので、私もあまり嫌な気持ちにはならず、もう一度言うか迷いながら少しそのまま眺めていた。が、そのうちに彼の手もとが狂い、鉢植えの植物に当たってしまった。見ると株の一つが取れかかっている。「セーフ!!」即座に彼は言った。まるで今あった出来事を打ち消すかのようだった。「おいおい、そりゃセーフじゃないでしょ。明らかに」と思わず言ったところ、彼はそのオリヅルランを指さして言った。「でもこれ、前からだったよ。……よけなかったこいつが悪い！」口が勝手に動いて出てきた様子だった。私は予想外の〝責任の所在〟に意表をつかれ、「いや、でも植物にそれを求めても……」と言葉を濁すばかりになってしまった。
例②：小四の男子が棚の上の物を取ろうとしていた。少し高い、背伸びをしてようやく手が届くかどうかというところにあるものだった。私はやや離れたところで、うしろから黙って見ていた。彼は手出しされるのをあまり好まない子だったし、自力で頑張っていたのでそうしていたのだった。しかし、なんとか指がかかり、もう少しで取れそうだと思われた瞬間、彼は摑み損ね、それは床に落ちてしまった。壊れはしなかったものの、ちょっと気まずい空気が流れた。すると彼はくるりと振り返り、言った。「お前のせいだ！」私はびっくりし、少々ムッともしたが、本当に本気で言っているようだったので、「どういう筋道をたどるとそうなるんだ？」とむしろ興味深く思ってしまった。
例③：プレイセラピー中、小三の男子と野球ごっこをしていて、彼の打った球がガラス窓に当たってしまった。フルスイングの打球だったので大きな音がした。ゴムボールだったからガラスが割れる心配はなかったが、その音に二人で息を飲んだ。次の瞬間、彼は「俺のせい？　内海さんのせい？」と聞いてきた。咎が誰にあるかだけが関心事のようで、私はその問いの速さと幅の狭さに気が重くなった。彼は日ごろの生活でも、何か注意されると「は？　なんで俺ばっかり？　あっちには言わねえの？」と言い返し、「他の人がどうとかじゃないでしょ！　今はあなたのことを言ってるの！」と説教されるのを常としていたのだった。私は、何と言えばいいのかわからなかったが、「この部屋で起こることは、ま、僕の責任だ。だからこれ以上硬いボールは使わないんだ」と静かに言った。
以上の〝「俺のせいじゃない」三景〟は、大人からすれば、一言「ゴメン！」と言えばいいのに、というようなシーンばかりである。だが、どうもそうはいかないらしい。「こいつが悪い！」「お前のせいだ！」「俺のせい？」――傍目には見苦しいこのような台詞は、現実を背負えない／背負いたくない／背負わされるのが怖い、という気持ちや姿勢の表れのように思えるが、彼らはほとんど反射的に、時には全身でそれを示すのである。

こういった言い草には、家庭でも学校でも、子どもと接する大人なら程度の差はあれ誰でも出合うに違いない。いや、当の大人だって一皮剝けば似たようなものかもしれない。だから、私はこれを児童養護施設で暮らす子どもに特有のものだと言うつもりはない。しかし、それが骨絡みになっているかのような子と多く接していると、彼らはもう「現実を自分のものとして認め、受け入れること」全般がしづらくなっており、あのような物言いもそういった〝構え〟の反映ではないかという気がしてくる。そして実際、彼らが「現実を自分のものとして認め、受け入れ」にくい状況にいるのはたしかなことのように思う。

だいたい、彼らは多くの場合、まず「施設で暮らさねばならない」という事態を芯からは受け入れていない。客観的には、もとの家より施設のほうがずっと「いい暮らし」のはずである。食べ物や日用品はちゃんと用意されている。それなりの服が着られるし、お風呂にも入れる。学校にも行ける。しかし、そういうことではないのだ。

何年も私たちと過ごし、生活にもなじみ、ここで育つことをもうすっかり受け入れているものと思われていた子が、何年かぶりで急に出てきた親に引き取りの話を出され、ふらふらとその気になってしまうことはままある。入所前、あれだけ殴られ「もう家にいたくない」とみずから児童相談所に駆け込んだ子でも、あるいは入所する意味を話し合い、動機づけをしっかりしたはずの子でも、「本当だったら、こんなところにはいないはずだ」の思いは消えない。入所後、あれだけ面会の約束をすっぽかされ、引き取りの話を反故にされ、長じてからはバイト代を使い込まれるなどしても、「母さんは今、大変だから。家族なら助けなきゃ」と、親の身勝手さを美談に変えてしまう子もいる。もういい加減あきらめて現実を見てくれよ、とこちらはつい思ってしまうが、「本当なら……」を映す幻燈に別れを告げることは、なかなかできない。

「あきらめ」も「別れ」も、軽々しくは語れないことだ。そう思いながらも、私はこの言葉の周辺を長いこと離れられずにいた。だがそうした折、須賀敦子の随想に出合った。以下は彼女が中学時代に読んだアン・モロウ・リンドバーグの文章の、半世紀を経ての記憶である。

「さようなら、とこの国の人々が別れにさいして口にのぼせる言葉は、もともと『そうならねばならぬのなら』という意味だとその時、私は教えられた。『そうならねばならぬのなら』。なんという美しいあきらめの表現だろう。西洋の伝統の中では、多かれ少なかれ、神が別れの周辺にいて人々を護っている。英語のグッドバイは、神がなんじとともにあれ、だろうし、フランス語のアディユも、神のみもとでの再会を期している。それなのに、この国の人々は、別れにのぞんで、そうならねばならぬのなら、とあきらめの言葉を口にするのだ」（『遠い朝の本たち』ちくま文庫、二〇〇一）

スっと何かが胸に収まるような、印象深い箇所だった。この場合の「あきらめ」は、言葉の本来的な意味、つまり「明らむ」（事の実情をはっきりさせ、見定める）を濃く含んでいるだろう。私はよく、巷に流れる「昨日までの自分にサヨナラ」的な歌詞を耳にすると、「そんな都合よくいくもんか。昨日までの自分を全部背負っていくんだろ?」と生真面目な高校生みたいに胸の中で反駁したものだが、「さようなら」を先のようにとらえると、歌詞はまさにそういう意味になる。この時、あきらめること、受け入れること、別れることは地続きである。

私たちは、子どもたちが「現実を自分のものとして認め、受け入れること」を願っているが、その難しさも、それを強いることは誰にもできないことも、わかっているつもりではある。私たちにできるのは、一日いちにちの生活を守りながら、何がそれを可能ならしめるのか、目を凝らして考えることくらいであろう。私もこの仕事に就いて以来ずっと考えている。だが、何かを摑めた感じはまだない。

しかし最近、冒頭の中学生の担当職員が次のことを教えてくれた時、手もとに何か残る感触が少しあった。

「彼、野球部に入ってね、ミスが多くて居残り練習させられているみたいだけど、結構チームの雰囲気がいいらしくて、ドンマイ、ドンマイって励まされながら続けてますよ」

認めがたい現実にさらされながら、周りの支えや赦しの中でそれを抱える繰り返し。こういう具体的な修練の場数を細部で踏むことが、やがてはもっと大きな「そうならねばならぬのなら」につながるのかもしれない。それだけでどんな場合も届くと思うほど私は楽観的ではないが、それを大事なファクターとして数えることは、あながち空虚な観測とも言えないのではないか。近ごろの彼の表情を見て、そう思っている。

そのとき思い出すもの

これは、そのころ還暦間近だった方に聞いた話である。その方はもう長い間ずっと、自分は割を食って生きてきたと思っていたという。長子ゆえに親は厳しく、自分はたくさんのきょうだいたちの面倒を見ねばならず、もっと勉強したかったのに一五になったら家を出て稼がねばならなかった。それから遠い異郷で懸命に働き、苦労しながら家庭も築いたが、子どものころ親に優しくされなかったという思いは消えないままでいた。ところが、五〇歳もいくつか過ぎたある時、親類の葬式だか結婚式だかで縁者が多く集まった折、何かの話の流れで「あなたは本当、お父さんお母さんに可愛がられていたよねえ」と年長の方々からしみじみ言われたのだという。「可愛がられていた？　私が？」その方はもう本当にこころからビックリ！（「ひゃー」と目を丸くした顔をして見せてくれた）でも、ビックリはしたけれど、不思議とそれは無理なくこころに入ったという。「へえ！　可愛がられてたんだ！　私は」。そして、それからは確かにそんなふうに思えるようになっていったというのである。

この話はちょっとした茶飲み話の中で教えてもらったものだが、深く私の印象に残った。――過去は、世界は、こんなふうに五〇を過ぎてもなお書き換わるんだ。しかも、心理療法場面などではない、人生のふとした拍子に。……なかなか積み重ねを実感できない毎日の仕事の中で、自分たちは子どもに何ができているのだろうか？　という弱気を拭えずにいた当時の私（今もまあそうだが）にとって、この挿話は、自分の為しうる「なけなしの今」を励ます小さなお守りのようなものとして、ひそやかに胸に残ったのだった。今はまるで役に立たないようでも、布石を打とうじゃない。活きるのは五〇年先だっていい。もちろん、必ず活きると約束はされない。だが、なければ可能性はゼロだ――と。先の方も、きっとご両親から大事にされた現実の体験が実際にあっただろう。埋もれていた、しかし確かなその痕跡が、その時おそらくその方をとりまいていたであろう「今」の仕合せと呼応して、生命力を与えられたのだと思う。

人生にはこんなことも起こりうるのだから、そんなに躍起になって子どもとの「思い出作り」に焦る必要はないのかもしれない。少なくとも子どもに迎合するようには。ただ、子どもたちがここ（施設）を出て世の中に踏み出していく際には、〝これから先〟に対して何か良きイメージをもてることがある程度は必要で、それはやはり〝これまで〟の良き体験（「楽しい思い出」とは必ずしも同じではない）が土台になると言えるだろう。先のその方だって、ご両親との間で培われた体験の数々は、実はそれ以前から、そうとは気づかれぬままにずっと道しるべであり続けてきたに違いない。それが肯定的な色合いを帯びて発掘され直すことで、より確かな支えとなったのだと思う。

だが残念なことに、私たちが出会い、過ごし、送り出していく子どもたちは、この「良きイメージ」をなかなかもちえないでいるように思われる。もっとも、全体的に閉塞感の漂う現代の日本にあっては、大人も子どもも、おおかたそうなのかもしれない。しかし、とりわけそうなりやすい子どもたちであるとは言えるように思う。

ある男子は、高校中退後一度は職に就くものの長くは続かず、別の仕事を見つけるもまた長くは続かず……ということを何度か繰り返すうちに貯金が底をつき、施設に戻って仕切り直しを図ることになった。施設の一角を居室として提供し、光熱水費と食費の実費ぶんくらいは入れてもらいながら、職を探し、貯金をし、再び次のアパート設定を期す。こういう道をたどる例は稀ではない。場合によっては同時に複数人いて、場所がないので相部屋になることもあるくらいである。私たちも一度ですんなりいくなんて思ってはいないから、施設経営上は当然赤字になるけれど、ある程度こういった事態を見込んでいる。不十分な体制ながら、仕事探しや場合によっては生活保護の申請なども手伝う。すぐ次の仕事を見つける子もいれば、なかなか見つからずに引きこもりがちになる子もいる。

彼は引きこもりがちにはならなかったが、仕事も容易には見つからなかった。時折派遣バイトなどはしたようだが、定収入ではないのでたいして貯金もできず、のらりくらりと数ヵ月が過ぎた。職員としては、これまでもかかわってきた子だからきちんと面倒を見ようとは思うものの、もう法的な「措置」が切れた年長の子どもに張りつきになるわけにもいかず、かといって大人扱いして自主性に任せるばかりでは進展しそうになく、ちょっとずつ手や口を出しつつも、気を揉む日々が続いた。しかし、ある時急に仕事が決まり、バタバタと引っ越すことになった。ちょっと遠方の仕事で、寮つきだという。めでたしめでたしかどうかは別にして、とりあえず次のステップに進んだとは言えた。

こういう段取りが一回で済む子もいるが、複数回必要な子もいる。複数回やっているうちに万引きなど軽犯罪を起こし、拘留後行き場がないので施設が身柄を引き受け、再びやり直しを図る場合もある。あるいは、しばらく姿を消していたかと思うと、次に情報を得られた時にはもう、生活保護受給になったかどで〝貧困ビジネス〟のようなところに絡めとられていたという場合もある。

心細い時、不安な時、うまくいかない時……こういう子たちがこれまでの人生の何を思い出し、誰を思い浮かべて支えとしているのか、また今後に対してどのような展望をもっているのかについては、私などにはまだまだ不可知である。直接・間接の断片的な情報から推測するに、うまくいっていない時は過去は恨み節で染め上げられやすいし、同じ人でもうまくいきだすと楽しさや感謝が語られやすい気がする。記憶というものの性質から言って当然という面もあるが、本当を言えば、うまくいっていない時、心細い時、不安な時にこそ、「良きイメージ」が要る。「こんなふうに生きてみよう」「〇〇みたいになりたい」「あんなふうにやればうまくいくんだろう」――そして、それは自分にも可能なのだ、と。

この「良きイメージ」をどのように子どもたちに作ってもらうかは、施設養育の課題の中でもとりわけ大きなものだと思う。彼らはこの逆を圧倒的に多く積み重ねてきたのだ。安易な答えを許さない、根深い難しさがここにはある。だが、私たち大人は五〇年先を睨みながら、今日の石を置こう。何らかの「良きイメージ」に導かれてこの仕事に就いたはずの養育者たち自身が、悩みつつもなるべく仲よく楽しみながら生き、多少子どもにうっとうしがられても、叱ったりほめたり、その時々の課題をしっかり果たすことに努めていよう。それが子どもたちにとっての「良きイメージ」になるかどうかはわからない。けれどもその営みは、たぶん養育者自身を育てることにはなるはずだ。

ところで、これはまったくの余談だが、こういうところに文章を書くという行為は、私にとっては不安を伴うものだった。心許ない気持ちでいる私を、それでも書いてみようと導いたものの一つは、かつて一読者だった時に形作られた、このコーナーに対する「良きイメージ」だった気がする。学生時代、頭がいっぱいになってうまく寝つけず、起きだしてなんとなく手に取った「こころの現場から」を拾い読み、笑っているうちに気が楽になって布団に入り直した夜があった。また、薄暗い図書室の片隅で、たまたま目にした「こころの現場から」に当時研究室の皆で取り組んでいたテーマを発見し、現実の機微が活写されたその文章を大急ぎでコピーして配ったこともある。他にも、ある先生がご自身の迷いや葛藤を誠実に記されていたのも思い出す。それらを抱えながら日々の役割と向き合っておられる姿に「臨床家の生身」を見る思いがしたものだった。こういったものが私の底辺のどこかで流れていたように思う。

同じコーナーに書く機会をいただいた私は、だから、どこかにいるかもしれない「かつての私」を裏切らないように、できるだけ（せめてこういう時くらいは）正直に、「今の私」を映すよう努めたいと思った。それが誰かにとっての「良きイメージ」になったかどうかはわからない（むしろ逆か？）。けれどもその試みは、日ごろは得られない充実した時間を私にもたらしてくれた。これは、確信をもって言える。

あとがき

当たり前のことだけれど、この本に収められている文章を書き終わってからも、毎日仕事は続いている。日々新しいことが起き、そのうちのいくつかは「事件」であり、そのつど新しい判断と対処を迫られる。こういう作業を年余にわたって続けていれば、それなりに経験は蓄積されるし、知識も多少は増える。だが、当の私は重ねた知識と経験のぶんだけ賢くなったとか、対処能力が上がったとか、そういう実感をほとんどもてないままでいる。「まえがき」でも述べた、「手持ちの知識や経験では立ち行かないことばかり」という感覚は、昔も今もさして変わらない。これは私だけだろうか？　歳月は自信を単純に加算してくれるわけではないようである。

いや、加算どころか、今の自分は一〇年前より必ず優れているのかと考えると、これが結構心許ない。仮に一〇年前のあの子がまったく同じ状態でやってきたとして、今の自分があの時より「うまくやれる」保障はあるだろうか？

もちろん、援助実践はすべて無数の変数の中でやるわけだから、そもそも成り立ちえない思考実験ではある。だが、「自分」という変数だけを動かせたとしても、私には簡単に答えられない。ケースはすべて唯一無二のものであり、今ある条件の中で最善を尽くす他ない。若さや未熟さはあってもそのぶん一途さや体力があろう。それらを含めた「今ある条件」の中での最善とその帰結も、やはり唯一無二のものである。一〇年後の自分なら必ずそれを凌駕できるとは単純に言えないように思う。文章もそうかもしれない。

文章を書くお誘いを受けると、どこか自己愛をくすぐられる一方で、躊躇があった。「私には一〇年早い」と思い、また実際、そう口にしたこともあった。

「でも、〝今しか書けない文章〟というのもあるでしょう?」

そう言って背中を押してくださったのは大学院時代の指導教官、田中千穂子先生である。そうだ。一〇年経ったからといって、それで書く資格が得られるわけじゃない。一〇年経たないと書けないこともあるかもしれないけれど、今の自分にしか書けないこともあるに違いない。……先生の言葉によって、私は「今書くこと」に積極的な意味を見出すことができた。その結果できたものの意義や価値に関しては、読者の判断に委ねる他ないが。

本書ができるまでのことを考えると、他にもお名前を挙げて感謝申し上げたい方はたくさんいる。だが、とても書ききれないので、この方がいなければ書き続けることはできなかったということで、もうお一方だけ、日本評論社の植松由記さんを。私はこの励まし上手の編集者さんのお言葉についうかうかと乗ってしまい、こうして拙文を連ねてしまった。

でも、乗ってよかったです。ありがとうございました。

二〇一三年六月　川和《かわわ》児童ホーム開所一周年の日に

内海新祐

●初出一覧

第1部

1　書き下ろし

2　「面接室の彼我―『被援助者からのまなざし』について考えたことから」『東京大学大学院教育学研究科心理教育相談室紀要』第二五集（特集Ⅰ：障害をめぐるこころの援助―被援助者からのまなざし）、六八―七二頁、二〇〇二年

3〜5　以下の三編をもとに加筆・修正を行い、再構成した。

「子どもへの治療的かかわりとケアワーク」

鈴木力編著『児童養護実践の新たな地平―子どもの自立支援と権利擁護を実現するために』一一九―一三五頁、川島書店、二〇〇三年

「児童養護施設における心理職の役割」

『母子保健情報』五〇巻（特集：これからの子ども虐待防止を考える）、一八一―一八四頁、二〇〇五年

「児童養護施設における生活臨床と心理職の役割」

増沢高、青木紀久代編『社会的養護における生活臨床と心理臨床―多職種協働による支援と心理職の役割』八六―一〇〇頁、福村出版、二〇一二年

第2部

6 「『心理療法』の入り口、あるいはその手前の仕事について」

『児童養護』三五巻一号（特集Ⅱ：児童養護施設における心理職の役割）、三三―三七頁、二〇〇四年

7 「児童養護施設における子育て」

『そだちの科学』一〇号（特集：子育て論のこれから）、六六―七〇頁、二〇〇八年

8 「能動と受動、加害と被害―『傷』や『過去』と向き合うときに」

『樹が陣営』二八号、一七三―一七九頁、二〇〇四年

9 「『問題行動や触法行為』の一つのかたち」

『樹が陣営』三一号、一〇四―一〇八頁、二〇〇六年

10 「児童養護施設の現場から」

『そだちの科学』一六号（特集：貧困とそだち）、五六―六〇頁、二〇一一年

第3部

「非力を重ねて」

『こころの科学』一四二号（こころの現場から）、一五四―一五五頁、二〇〇八年

「『こうなる前に……』と言うけれど」

『こころの科学』一四三号（こころの現場から）、一三二―一三三頁、二〇〇九年

「見送る背中」

『こころの科学』一四四号（こころの現場から）、一一四—一一五頁、二〇〇九年
「繰り返しの重さ」
『こころの科学』一四五号（こころの現場から）、一三二—一三三頁、二〇〇九年
「不意打ち」
『こころの科学』一四六号（こころの現場から）、一一二—一一三頁、二〇〇九年
「その声は、誰の声?」
『こころの科学』一四七号（こころの現場から）、一〇八—一〇九頁、二〇〇九年
「山道を引き返す」
『こころの科学』一四八号（こころの現場から）、一五〇—一五一頁、二〇〇九年
「『現場』はどこだ」
『こころの科学』一四九号（こころの現場から）、一四二—一四三頁、二〇一〇年
「『子どもはそんなに弱くない』としても」
『こころの科学』一五〇号（こころの現場から）、一四二—一四三頁、二〇一〇年
「君の名を呼ぶ」
『こころの科学』一五一号（こころの現場から）、一四〇—一四一頁、二〇一〇年
「ここを出るとき」
『こころの科学』一五二号（こころの現場から）、一一六—一一七頁、二〇一〇年
「『楽しみなことは、なに?』」
『こころの科学』一五三号（こころの現場から）、九〇—九一頁、二〇一〇年

「周辺の厚み」
　『こころの科学』一五四号（こころの現場から）、一二二―一二三頁、二〇一〇年
「夜眠り、朝目覚める時間」
　『こころの科学』一五五号（こころの現場から）、一四四―一四五頁、二〇一一年
「『大きくなること』について」
　『こころの科学』一五六号（こころの現場から）、一三〇―一三一頁、二〇一一年
「一人でいられる／いられない」
　『こころの科学』一五七号（こころの現場から）、一三六―一三七頁、二〇一一年
「『さようなら』」
　『こころの科学』一五八号（こころの現場から）、一三四―一三五頁、二〇一一年
「そのとき思い出すもの」
　『こころの科学』一五九号（こころの現場から）、一四二―一四三頁、二〇一一年

内海新祐（うつみ・しんすけ）

1973年　神奈川県生まれ。
1995年　３月、東京大学教育学部卒業。４月、同大学院へ。
在籍中、武蔵大学学生相談室、関東中央病院精神神経科
（教職リハビリ）、航空公園クリニック勤務。
2001年　３月、東京大学大学院教育学研究科博士課程単位取得退学。
４月より、児童養護施設旭児童ホーム心理療法担当職員（臨床心理士）。
2012年　６月より、児童養護施設川和児童ホーム心理療法担当職員（臨床心理士）。
2021年　４月より、児童養護施設旭児童ホーム心理療法担当職員
（臨床心理士・公認心理師）。
現在に至る。

●こころの科学叢書

児童養護施設《じどうようごしせつ》の心理臨床《しんりりんしょう》――「虐待《ぎゃくたい》」のその後《ご》を生《い》きる

2013年８月１日　第１版第１刷発行
2021年10月10日　第１版第４刷発行

著　者――内海新祐
発行所――株式会社　日本評論社
〒170-8474　東京都豊島区南大塚3-12-4
電話 03-3987-8621（販売）-8598（編集）振替 00100-3-16
印刷所――港北出版印刷株式会社
製本所――株式会社難波製本
装　幀――駒井佑二
検印省略

ISBN978-4-535-80434-0　Printed in Japan